SANIDAD POR REIKI: UNA CLASE MAESTRA

LA GUÍA COMPLETA PASO A PASO PARA DOMINAR EL REIKI Y LA MEDITACIÓN CURATIVA PARA PRINCIPIANTES

SIYA ISHANI

Copyright 2019 - Todos los derechos reservados

El contenido de este libro no puede reproducirse, duplicarse o transmitirse sin el permiso directo por escrito del autor o el editor.

Bajo ninguna circunstancia se atribuirá culpabilidad ni se responsabilizará legalmente al editor ni al autor de ningún daño, reparación o pérdida monetaria debido a la información contenida en este libro. Ya sea directa o indirectamente

Aviso Legal:

Este libro está protegido por los derechos de autor. Este libro es únicamente para uso personal. No se podrá enmendar, distribuir, vender, usar, mencionar o parafrasear cualquier parte o contenido de este libro, sin el consentimiento del autor o editorial.

Aviso de exención de responsabilidad:

Favor de notar que la información contenida en este documento es solo para fines educativos y de entretenimiento. Todo el esfuerzo fue hecho para presentar información precisa, actualizada y completa. Ningún tipo de garantía viene declarada o implícita. Los lectores reconocen que el autor no está comprometido en presentar consejos legales, de tipo financieros, médicos, ni profesionales. El contenido de este libro ha sido obtenido de diversas fuentes. Favor de consultar a un profesional antes de intentar realizar cualquiera de las técnicas descritas en este libro.

Al leer este documento, el lector acepta que bajo ninguna circunstancia el autor es responsable de las pérdidas, directas o indirectas, que ocurran como resultado del uso de la información contenida en este documento, incluidos, entre otros, - errores, omisiones o inexactitudes.

ÍNDICE

Introducción — vii

1. ¿Por qué probar nuestro enfoque de Sanación por Reiki? — 1
2. Historia del Reiki — 6
3. Conceptos básicos de Reiki: sus principios, cómo funciona, y meridianos — 9
4. Ejercicios de autocuración por Reiki — 30
5. Los tres pilares y la sanidad por Reiki para otros — 54
6. Puntos Chakra y Reiki: ¿Son compatibles? — 66
7. Incorporando puntos Chakra a la curación de Reiki — 78
8. Reiki y Kundalini: ¿son compatibles? — 92
9. Uso de Reiki en conjunto con el Kundalini — 96
10. Reiki - Curación completa de los 12 meridianos — 112
11. Piedras curativas para incorporar a la sanación por Reiki y Chakras — 124
12. Conclusión — 142

INTRODUCCIÓN

"Cada casa está construida sobre una base, y la base de tu cuerpo es tu fuerza vital. Si el Chi no es saludable, afectará los aspectos físicos de tu vida y, por lo tanto, nuestro sistema Reiki es la clave para desbloquear este impedimento para tu progreso".

¿Estás sufriendo? ¿Tus médicos, psicólogos y psiquiatras han tratado de inducirte hacia la "salud", o medicarte para estar sano? ¿Has visto poco o ni un resultado? Bueno, eso no es sorprendente ...

En el mundo agitado de hoy, más y más personas sufren problemas de salud aparentemente cada vez mayores. Los problemas con la pérdida de peso o el aumento de peso son excelentes ejemplos de nuestro problema con la medicina moderna.

Planeamos meticulosamente nuestras dietas y seguimos con nuestro ejercicio y vemos malos resultados. La matemática dice que hemos ingerido tantas calorías y quemado tantas calorías, por lo que deberíamos perder peso y, sin embargo, no logramos nuestros objetivos.

También es posible que tengas una pareja con quien tengas problemas, o con quien te gustaría estar más cerca. Quizá hayas probado picnics en el parque, clases de baile y más, pero aún así ambos se encuentran discutiendo sobre las pequeñas cosas que realmente no deberían importar.

Un Chi no saludable puede llevar a una relación no saludable. El Reiki, en especial cuando lo practican ambos miembros de una pareja, puede proporcionar una tranquilidad espiritual que les permite a ambos miembros relajarse y crecer juntos en armonía, en lugar de separarse lentamente en discordia.

Dolencias como la artritis, las migrañas, el túnel carpiano y otras pueden aliviarse con la asignación adecuada de sanación por Reiki junto con tu régimen médico actual. A menudo, el dolor es meramente un síntoma de un desequilibrio energético en el cuerpo, y el Reiki está diseñado para abordar esta situación específicamente.

El Reiki también puede ayudar con la fatiga crónica o el insomnio al abordar las inconsistencias de tus energías de las que quizá ni siquiera seas consciente. ¿Notas períodos donde tu energía física aumenta o disminuye sin razón alguna que puedas atribuir a la dieta o al medio ambiente? Entonces el sistema de Reiki establecido aquí podría ser la respuesta.

Si has estado sufriendo ataques de pánico u otras formas de ansiedad, y nada de lo que los médicos te hayan recetado, o los psicólogos te hayan dicho pareciera ayudar, entonces considera añadir el Reiki a tu régimen médico. Los médicos generalmente no consideran el hecho de que una falta de armonía con la fuerza vital pueda ser tan importante como los medicamentos o la *psycobabble*. Esto lleva a un tratamiento de los síntomas mientras se ignora la fuente. Reiki puede aportar un equilibrio a tu tratamiento, y puede ser lo único que necesitas, pero no lo sabrás hasta que lo pruebe por ti mismo.

A medida que avancemos en este libro, discutiremos cómo y por qué funciona este sistema, además de brindarte las herramientas para que aprendas y practiques la sanación por Reiki desde la comodidad de tu hogar. A medida que aprendas a manipular tus energías vitales, pronto descubrirás que puedes obtener los resultados que la ciencia médica no ha podido proporcionar una y otra vez.

Se trata de lo que sabes.

Hay varias razones por las que has venido a Reiki y esperamos no decepcionarte. Simplemente busca este conocimiento con paciencia, aprende lo que lees, practica lo que aprendes, y pronto deja que lo que has aprendido se convierta en lo que realmente sabes. Los resultados que surjan harán que valga la pena.

¡Sigamos con el Capítulo 1 y comencemos a prepararte para el brillante futuro por delante!

1

¿POR QUÉ PROBAR NUESTRO ENFOQUE DE SANACIÓN POR REIKI?

Quizá sepas que el Reiki es un sistema de sanación de energía, pero ¿sabes cómo funciona?

Los chinos tienen una palabra llamada 'Chi', muy similar a 'Prana' o 'fuerza vital' para los hindúes, y es fundamental para la forma en que funciona la sanación por Reiki. El Chi está presente en todo y permea el universo. Velo como una energía personal que resuena con la energía del Universo.

Se traduce literalmente como "aire", como el aire que respiras todos los días para sostenerte. Los creyentes del Chi, Prana, Auras y otros conceptos de energía vital abundan en todo el mundo, y usan esta energía para su beneficio. No solo los practicantes que buscan curación, muchos artistas marciales también se suscriben a la creencia, usando las energías para protegerse o mejorar la veracidad de sus ataques.

Con Reiki, nuestra preocupación será utilizar el Chi para la curación y la armonía. A medida que viaja a través de nuestro cuerpo, emplea los caminos conocidos como meridianos, y conocer la ubicación de estos meridianos puede ayudarte a sanar muchas dolencias con bastante rapidez y bastante éxito. Más adelante veremos más sobre el uso de los Meridianos y Reiki.

En la Introducción te advertimos sobre ciertos problemas donde el Reiki puede ayudarte. Aquí hay algunos problemas más que el Reiki puede abordar (ten en cuenta que esto es solo una muestra de lo que puedes aprender a sanar. Reiki puede hacer todas estas cosas y más):

Reducción de los niveles de estrés en tu vida.

La sanación por Reiki crea no solo armonía sino un estado de relajación profunda que puede disminuir los factores de estrés en tu vida. Piénsalo en términos prácticos. ¿Alguna vez has tenido que tomar una decisión ante una emergencia? Cuando estás relajado, es mucho más probable que hagas un sonido, un juicio razonable que cuando estás en pánico o sobreestimulado debido al estrés.

Aumenta la capacidad del cuerpo para curarse del daño

El Reiki funciona con tu energía Chi, cuando al equilibrarse, se dice que mejora tu factor de autocuración. Cuando la fuerza vital del cuerpo es saludable, este efecto es natural. Haz un pequeño ejercicio y verás que tu cuerpo está funcionando a la máxima capacidad.

Ayuda a limpiar el cuerpo de las toxinas que ingerimos todos los días.

Ingerimos una cantidad sorprendente de toxinas día a día, a menudo en forma de aditivos químicos o conservantes en productos que podrían no ser tan '100% naturales' como se anuncia. El Reiki mejora la circulación y la capacidad del cuerpo para eliminar toxinas, mejorando así tu salud general.

Estimulando la creatividad para aquellos que desean expresarse artísticamente o de otra manera

Cuando tus energías se equilibran a través del Reiki, te encontrarás más receptivo a las inspiraciones de tu entorno. Un Chi saludable conduce a menos distracciones, y en tal estado de dicha armonía, te encontrarás mejor capacitado para crear.

Refuerzo del sistema inmunológico para defenderte o combatir enfermedades

A medida que la energía del cuerpo se equilibra con la sanación del Reiki, el sistema inmunológico se vuelve cada vez más eficiente. Esto puede hacer que tu cuerpo produzca más glóbulos blancos, y le dé a tu sistema inmunológico un impulso muy necesario para una vida más saludable.

¿Intrigado? Estás en buena compañía. Un estudio del 2007 indica que 1.2 millones de personas solo en los Estados Unidos se han tomado el tiempo para explorar los beneficios que el Reiki puede proporcionarles. Esto demuestra una infelicidad general que la comunidad médica sola no ha sido suficiente para abordar. Por lo tanto, obviamente se requieren otras medidas.

¡Estás en el lugar correcto!

Nuestro enfoque puede ayudarte a abordar estos problemas y muchos, muchos más.

¿Entonces, estás listo para comenzar?

¡Excelente!

Primero vamos a discutir un poco de la historia de Reiki, y después te ayudaremos a iniciar con algunos conceptos básicos de curación. Luego podrás tener tu caja de herramientas de Reiki con algunas técnicas nuevas y potentes a medida que avanzamos.

HISTORIA DEL REIKI

¿Cuál es la historia detrás del Reiki? Bueno, el Reiki es originario de Japón, la creación de un hombre llamado Mikao Usui.*

El Sr. Usui, un monje laico (un monje no clerical, quien hace votos locales pero no fue ordenado), Mikao vivía en una época de la historia de Japón cuando una amplia variedad de prácticas espirituales eran comunes, siendo budismo, sintoísmo y las creencias taoístas los modos principales de espiritualidad.

A principios de la década de 1920 (presuntamente en 1922) Mikao tendría una profunda revelación espiritual de que pasaría los últimos 4 años de su vida compartiendo con el mundo.

Usui Reiki nació.

Mientras contenía técnicas de curación de Reiki, la masa de las enseñanzas de Mikao ascendió a un poco más, con filosofías y percepciones no solo de las tradiciones japonesas sino también de la antigua medicina china. Emocionado por su descubrimiento espiritual, Mikao Usui viajó a lo largo y ancho de Japón para difundir sus revelaciones, llevando a los estudiantes al redil que compartieron su entusiasmo por este nuevo sistema de sabidurías antiguas.

Si bien enseñó a más de 2000 estudiantes antes de morir, solo había designado a 16 de ellos para ser Maestros del Reiki. Uno de los Maestros, un oficial naval retirado llamado Chujiro Hayashi, recibió la bendición de Mikao para abrir una clínica en Tokio. Después de haber trabajado mucho con Usui, Chijuro deseaba tomar los aspectos curativos del cuerpo principal de las enseñanzas de Usui, y hacerlos más accesibles al público en general.

A partir de esto, desarrolló su propio estilo de Reiki, manteniendo notas meticulosas mientras trabajaban los 16 Maestros en su clínica, lo que llevó a datos sobre qué posiciones de las manos eran más favorables para el tratamiento. También comenzó a impartir elementos curativos de la medicina china, como los meridianos, y elementos hindúes como los puntos Chakra en su práctica.

Chijuro, como su mentor, comenzó a entrenar maestros también, y uno de ellos sería una japonésa-americana llamada Hawayo Takata.

Hawayo había sido sanada de varias dolencias a través del tratamiento de Reiki y, como tal, se convirtió en una devota estudiante de Sensei Hayashi.

Eventualmente traería Reiki a Hawai en 1937.

Eventualmente, ella traería el Reiki a los Estados Unidos. Durante su vida, enseñó por 40 años antes de iniciar el entrenamiento de sus propios Maestros de Reiki, de los cuales había 22 en el momento de su muerte en 1980.

El Reiki moderno ha evolucionado, pero a medida que emplea la sabiduría antigua como su centro, mucho se ha mantenido igual. Si bien los 22 Maestros de Reiki de Takata han difundido sus enseñanzas y estilo, en la actualidad se practican varios estilos y combinaciones en todo el mundo.

Esto demuestra que Sensei Usui tenía algo entre manos...

CONCEPTOS BÁSICOS DE REIKI: SUS PRINCIPIOS, CÓMO FUNCIONA, Y MERIDIANOS

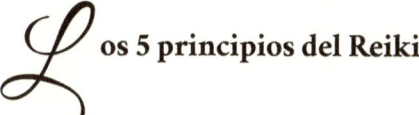 os 5 principios del Reiki

1. Solo por hoy, no te enfades
2. Solo por hoy, no te preocupes
3. Solo por hoy, se agradecido
4. Solo por hoy, trabaja duro
5. Solo por hoy, sé amable con los demás.

Si bien Chijuro eliminó gran parte de las enseñanzas de Mikao Usui a fin de fomentar estrictamente los preceptos curativos de Reiki, muchas de las enseñanzas de Miikao aún permanecen. Los 5 preceptos de Reiki son uno de estos principios. Estas son palabras para vivir, elegantes en su simplicidad, tomemos un momento para contemplar esta sabiduría.

1. Solo por hoy, no te enfades.

Nos enojamos por las cosas más pequeñas. Cosas que a veces ni siquiera importan en una o dos horas, excepto en conversaciones triviales (y qué estado de cosas, cuando contamos historias de alguien que se nos interpuso en el tráfico, y el coraje que nos dio, como si dos cosas desagradables de pronto tuvieran más peso que la belleza de la vida).

Tómate un día libre de tu ira.

Sacude tu ira por hoy. Cuando sientas que viene, contempla algo que te haya hecho reír, o algo profundo como el nacimiento de tu hijo, o tan solo distráete tratando de describir los olores a tu alrededor en un diálogo mental. Prueba este pequeño experimento y al final del día pregúntate: "¿Fue mi día mejor o peor sin la ira?". Solo algo para contemplar.

2. Solo por hoy, no te preocupes.

La preocupación no nos ayuda mucho, y hace mucho en contra nuestra. El aumento en los niveles de estrés eleva nuestra presión arterial. Demasiada preocupación puede causar ansiedad o decisiones precipitadas. Intenta convertir esa energía, aunque solo sea hoy, en preparación o combustible para un día más productivo. Otra buena alternativa es descansar, como solían decir los vikingos: "Si pasas toda la noche preocupado por la batalla, estarás cansado por la mañana cuando debas luchar".

3. Solo por hoy, se agradecido.

Es sorprendente cuán frecuente olvidamos las cosas que tenemos, que nos quejamos de las cosas que queremos. Un techo, suficiente comida, empleo: estas son cosas que las personas en todo el mundo, e incluso cerca de tu hogar simplemente no tienen. ¿Realmente vale la pena tu sensación de paz para crear un mal día para ti y para los demás solo porque no le pusieron cebolla a tu sándwich en un restaurante, o tu amigo te dio una Pepsi en lugar de una Coca-Cola?

Tienes salud y una barriga llena, ya estás a la vanguardia del juego y, desde un punto de vista práctico, el tiempo que pasas sintiéndote malagradecido es tiempo que podrías pasar escribiendo aquella novela más vendida, pintando esa nueva obra que todos se maravillarán, creando prototipos de tu innovación, o la planificación de ese negocio pequeño. Cuando te descubras (y a veces es fácil olvidarlo), detente de ser desagradecido. Pruébalo, solo por hoy.

4. Solo por hoy, trabaja duro.

Uno de los placeres y tesoros poco conocidos y olvidados de la vida es la sensación al terminar un buen trabajo. Nos perdemos en nuestra rutina diaria y después de un tiempo parece que estamos corriendo en piloto automático. Si bien es posible que sientas la tentación de volar todo el día como un robot, ¿por qué no tomarte el tiempo, hacer valer tu voluntad y poder, y mostrarles lo que tienes? Por extraño que parezca, este simple precepto te brinda una forma de salir de tu rutina mientras estás en medio de experimentarla. Solo por hoy, deja que sea tu primer día en el trabajo, da todo de ti, y ve cómo te sientes al terminar. Podrías sorprenderte gratamente.

5. Solo por hoy, sé amable con los demás.

A veces el mundo parece moverse a la velocidad de la luz. Sentimos que necesitamos avanzar, superar lo que se encuentra en nuestro camino, y dejar todo atrás. El problema con esto es que es una actitud hacia el tiempo, más que una actitud hacia el mundo. Cuando empujamos y corremos, tendemos a ser groseros con los demás. Cuando asumimos que cada persona sin hogar está simplemente tomando un trago, a veces entregamos a gente buena al hambre, mientras nosotros matamos de hambre a nuestra propia alma.

Ve más despacio.

Hoy, sé amable. Alimenta a los pájaros. Dale al perro una comida extra. Ofrécele unas monedas al indigente. Ofrece a tu hermano el último panqueque. Haz una lista interminable de pequeñas cosas que puedes hacer para ser más amable, y cada poquito hace que el universo sea mucho mejor. Solo por hoy, no tomes, sino da.

Cómo funciona

Ahora que has probado la filosofía, veamos la razón por la que viniste aquí. Quieres aprender a realizar la sanación por Reiki. Entonces, mencionamos al Chi anteriormente, esa energía que está dentro de nosotros y a nuestro alrededor. Cuando se trata del cuerpo, tu Chi viaja a lo largo de conductos dentro de él llamados meridianos. Estos meridianos ayudan a garantizar el flujo de Chi a donde necesite ir en tu cuerpo. Piensa en ellos como 'Súper autopistas Chi'.

Ahora, cuando el Chi está bloqueado, o de otro

modo desequilibrado (demasiado Chi aquí, muy poco Chi allí), entonces comienzan los problemas, y cuanto más tiempo este la armonía desequilibrada, puede empeorar. Resultando en algo tan inocuo como un mal humor en un día en particular, y hasta condiciones más graves como el trastorno bipolar, e incluso problemas cardíacos.

Esto es algo serio, amigos. ¿Por qué creen que una cultura tan antigua como China todavía utiliza Meridianos en la acupuntura y otros tratamientos?

A la gente le gusta burlarse, pero a pesar del progreso de la ciencia médica actual, estos conceptos antiguos obviamente están haciendo algo para millones en todo el mundo que realmente está funcionando.

Entonces, hemos establecido que el Chi necesita fluir correctamente, y que los meridianos son los conductos que utiliza en tu cuerpo, ahora debemos hablar lógicamente sobre los meridianos. Esto parecerá complicado al principio, ya que necesitarás memorizar, con el tiempo, los caminos tortuosos que atraviesan el cuerpo. Como tarea después de leer el resto de este capítulo, obtén un pedazo de cartulina de la tienda, luego haz una búsqueda en Google, y copia diagramas de los

Meridianos para que puedas hacer un collage de sus ubicaciones. Cuélgalo en la casa en algún lugar donde lo veas a menudo. Pasarás por ejercicios en el siguiente capítulo que te enseñarán exactamente qué caminos toman los meridianos, pero creando una ayuda visual creativa puede ayudarte inmensamente al comenzar tu trayecto como Sanador Reiki.

Si estás listo, hablemos de los meridianos. El uso de este conocimiento requerirá un poco de práctica, pero una vez que comprendas los caminos que la energía Chi toma a través de tu cuerpo, entonces comprenderás cómo manipular mejor estas energías en el marco del Reiki.

Si estás listo, continuemos con las sanaciones individuales de los 12 meridianos.

Los 12 meridianos principales

Si bien los meridianos se identifican por partes particulares del cuerpo, eso no significa que solo gobiernen esa parte del cuerpo. Es un poco más complicado que eso, pero vamos a cortar la bruma por ti, cortarlo en trozos pequeños, y asegurarnos de que obtengas la comprensión que requieres. Después de todo, no estamos escribiendo el contenido de una enciclopedia, nuestro trabajo es brindarte lo que necesitas para equiparte y practicar.

1. **Riñones**: produciendo hueso y médula a través de un químico llamado EPO, los riñones también almacenan energía sexual y regulan el desarrollo de los órganos sexuales. Notarás que también mencionamos el asma y el tinnitus, esto se debe a que estos problemas pueden deberse a una insuficiencia renal de Chi. Asegúrate de cuidar este meridiano.

Ubicación: comenzando desde la planta del pie, este Meridian luego sube por el interior de la pierna, luego hacia el abdomen, y termina justo debajo de la clavícula.

Efectos físicos:

- Tinnitus
- Asma
- Dolor de espalda
- Problemas urinarios

Efectos emocionales: este meridiano controla tu fuerza de voluntad. Un bloqueo o desequilibrio en este meridiano puede causar la sensación de no tener control en la vida, incapaz de realizar cambios sin importar cuánto lo intentes.

2. Bazo: el Bazo realiza una serie de funciones importantes. Regulando el flujo sanguíneo, por ejemplo, y también regulando tu digestión. Como es una parte importante en el transporte de nutrientes y su Chi acompañante, también regula la densidad muscular.

Ubicación: este meridiano comienza justo por fuera del dedo gordo del pie, subiendo por el interior de la pierna hasta el muslo. Continúa hacia el abdomen y sube más, pasando el exterior del pezón hacia tu segunda costilla, donde comienza nuevamente hacia abajo y termina en el sexto espacio intercostal (sexto espacio en tus costillas, contando desde yu cabeza)

Efectos físicos:

- Problemas abdominales (estreñimiento, diarrea, sensación de hinchazón)
- Mala densidad muscular
- Órganos internos prolapsados.
- Fatiga crónica

Efectos emocionales: el bloqueo o desequilibrio en este meridiano puede hacer que te sientas mentalmente lento o distraído.

3. Hígado: el hígado rige la menstruación y el ciclo

reproductivo femenino. También es responsable de tus tendones y ligamentos. Lo más importante, este órgano se encuentra entre los más importantes para almacenar y hacer circular Chi en todo tu cuerpo.

Ubicación: comenzando dentro del dedo gordo del pie (debajo de la uña), este Meridiano corre por la pierna interna, hasta el muslo, y luego viaja hacia la parte externa del abdomen en dirección a su terminal, que es el esternón.

Efectos físicos:

- Rigidez en las articulaciones
- Problemas menstruales
- Vértigo
- Ictericia
- Visión borrosa u ojos secos.
- Dolores de cabeza

Efectos emocionales: el bloqueo de este meridiano puede llevar a una serie de efectos negativos, como ira, depresión, y un rango limitado de expresión emocional debido a un "bloqueo emocional".

4. Corazón: como administrador de tus venas, arterias y capilares, el corazón es inmensamente importante para tu salud física. También es muy importante para tu salud mental. Ve abajo.

Ubicación: este meridiano es un poco menos complejo de rastrear que los demás. Comienza en axila, baja por el brazo interno y termina en la uña del dedo meñique (el más pequeño).

Efectos físicos:

- Insomnio
- Mareos
- Dolores de pecho
- Respiración corta
- Sudor fríos y sofocos.
- Trastorno bipolar (por bloqueo prolongado o desequilibrio)
- Taquicardia / Palpitaciones del corazón

Efectos emocionales: este meridiano se relaciona con tu felicidad. Como tal, puede causar una serie de problemas psicológicos si se bloquea, como el trastorno bipolar, la ansiedad, la depresión y el trastorno obsesivo compulsivo. También se asocia directamente con un aspecto del Chi llamado 'Shen', que es esencialmente nuestro espíritu y salud mental ... la presencia que exudamos. Como puedes ver, pueden ocurrir varios problemas con el desequilibrio, así que asegúrate de realizar sanaciones de este Meridiano si sospechas que algo está mal.

5. Pulmones: tus pulmones regulan no solo tu respiración, sino también tu consumo de energía Chi.

Ubicación: comenzando en el primer espacio intercostal entre las costillas (el espacio entre la primera y la segunda costilla, comenzando debajo de la cabeza), este meridiano sube por el hombro y baja por la parte delantera del brazo, terminando en la uña del pulgar.

Efectos físicos:

- Problemas con el sentido del olfato.
- Sudoración e inflamación en la parte superior del cuerpo.
- Tos y congestión.
- Condiciones de la piel

Efectos emocionales: pueden producirse varios efectos cuando este meridiano está fuera de balance, como depresión, intolerancia, falso orgullo, desprecio, e incluso la incapacidad de procesar el dolor.

6. Pericardio: la membrana que encierra el corazón.

Además del gobierno de tu Meridiano, el Pericardio tiene importancia como un centro de energía del cuerpo al que puedes recurrir para sanidad. Esto se debe a que el Pericardio no solo protege el corazón, sino que disipa el exceso de energía del corazón, que puede atraer a la palma de la mano para distribuirla en las áreas que lo necesitan.

Ubicación: comenzando desde el exterior del pezón, este Meridiano viaja desde allí hasta el hombro, y luego baja por la parte delantera del brazo, terminando en la uña del dedo medio.

Efectos físicos:

- Problemas estomacales
- Problemas del corazón
- Dolores de pecho

Efectos emocionales: el desequilibrio o el bloqueo en el meridiano del pericardio pueden causar problemas con la expresión / comunicación personal con los demás, así como paranoia y fobias.

7. **Vesícula biliar**: al almacenar y excretar el exceso de bilis, los problemas con el meridiano de este órgano pueden tener serios problemas de salud y emocionales como se enumeran a continuación.

Ubicación: este meridiano toma un largo camino a través del cuerpo, comenzando en la esquina externa del ojo, yendo hacia dentro de tu cabeza y hacia abajo, y luego hacia la parte delantera de tu hombro. Desde aquí, ingresa dentro de tu abdomen, y luego sale nuevamente, viajando más hacia abajo en el lado externo de tu pierna, terminando en la cuarta uña del pie.

Efectos físicos:

- Tinte amarillento en la lengua o la piel.
- Dolor del hígado
- Sentirse hinchado

Efectos emocionales: el desequilibrio o el bloqueo del meridiano de la vesícula biliar pueden causar sentimientos de ira, orgullo excesivo y una actitud excesivamente crítica.

8. **Vejiga**: responsable de excretar los desechos líquidos del cuerpo.

Ubicación: este meridiano comienza en la esquina interna de tu ojo, donde luego pasa por la parte superior de la cabeza, bajando por la espalda y las piernas hasta que termina en la uña del dedo meñique (dedo del pie más pequeño).

Efectos físicos:

- Dolor de espalda
- Rigidez en los hombros y el cuello.
- Todas las enfermedades del sistema urinario.
- Dolores de cabeza crónicos

Efectos emocionales: el bloqueo o desequilibrio del meridiano de la vejiga puede causar problemas con la expresión emocional, un temperamento "desencadenante del cabello", inquietud y frustración extrema.

9. **Estómago**: el estómago digiere tus comidas diarias y extrae Chi de ellas, distribuyéndolas a tu bazo e intestinos.

Ubicación: este meridiano comienza justo debajo del centro del ojo, baja por la cara hasta el borde de la mandíbula, y luego vuelve a subir hasta la frente. Desde aquí, viaja hasta la garganta, continúa hacia la parte delantera de tu abdomen, baja por la parte delantera de la pierna, y termina en la uña del segundo dedo del pie.

Efectos físicos:

- Problemas digestivos

Efectos emocionales: Los efectos que pueden ocurrir por el bloqueo o el desequilibrio de este meridiano incluye no sentirse aceptado, nerviosismo, preocupación constante, y una mayor necesidad de criticar a los demás.

10. **Intestino delgado**: al distribuir nutrientes en todo el cuerpo, así como el Chi extraído de los alimentos digeridos, el bloqueo del intestino delgado puede provocar una o varias dolencias que se enumeran a continuación.

Ubicación: este meridiano comienza en la uña de su dedo meñique, subiendo a lo largo de la parte posterior de tu brazo hasta el hombro. Se desplaza hacia abajo por el hombro y luego vuelve al cuello, pasando finalmente a la oreja.

Efectos físicos:

- Acné
- Neuralgia
- Dolor abdominal
- Inflamación de los ganglios linfáticos
- Debilidad en las piernas.
- Siempre se siente frío
- Distensión estomacal
- Dolor en los nervios

Efectos emocionales: los impactos emocionales negativos del bloqueo o desequilibrio en este meridiano puede incluir no sentirse apreciado, indecisión, nerviosismo y sentimientos constantes de desánimo.

11. **Intestino grueso**: el intestino grueso elimina el agua de los desechos, la absorbe y excreta los sólidos.

Ubicación: este meridiano comienza en la uña del dedo índice. Desde aquí, sube por el brazo, detrás del hombro, y luego hasta la cara, terminando en la nariz.

Efectos físicos:

- Todos los dolores abdominales están relacionados con este meridiano.

Efectos emocionales: el bloqueo o desequilibrio de este meridiano puede resultar en una incapacidad para aferrarse o dejar ir a las personas en tu vida.

12. **Calentador triple** (el termostato de tu cuerpo): este no es en realidad un órgano, sino un concepto de medicina china. Podrías llamarlo tu metabolismo, pero eso es simplificar demasiado las cosas. El Triple Calentador regula la temperatura corporal, el meta-

bolismo y los líquidos. Como tal, prácticamente todos los desequilibrios relacionados con un órgano también se relacionarán con el Triple Calentador. El Triple Calentador, disecado, se ve así:

Calentador superior: gobierna la parte superior de tu cuerpo, incluyendo la cabeza, el cuello, el corazón, los pulmones y el pecho.

Calentador medio: el área entre el ombligo y el pecho, incluyendo el hígado (especial, ver más abajo), el bazo y el estómago.

Calentador inferior: también controla el hígado, la vejiga y los riñones.

Como puede ver, este es un poco más complicado al principio, pero para simplificarlo, asegúrate de incluir esto en la curación de cualquier meridiano, ya que siempre será parte de un desequilibrio.

Ubicación: este meridiano comienza en la uña del dedo anular, sube por el antebrazo y continúa por la parte posterior del hombro. Desde aquí, continúa alrededor de la oreja y termina en la ceja.

Efectos físicos:

- Todos

Efectos emocionales: como el Triple Calentador cubre todo el cuerpo, considera cualquier disonancia emocional que requiera una curación del Triple Calentador y de los otros meridianos asociados.

Los tres meridianos extraordinarios

Ahora que hemos discutido los 12 meridianos principales, necesitamos informarte sobre los Meridianos Extraordinarios. Si bien hay 8 de ellos, solo 3 se usarán en la curación de Reiki. Estos 3 actúan como baterías espirituales, almacenando energía Chi que puede circular a través del cuerpo según sea necesario. No entraremos en demasiados detalles en cada momento, ya que están un poco avanzados, pero queríamos incluir esta información para que tengas conocimiento de estos Meridianos adicionales para explorar. Los 3 meridianos extraordinarios son los siguientes:

1. **Ren Mai** -'El Meridiano de la Concepción '

Ubicación: comenzando dentro de la boca, en la punta de la lengua, este meridiano sigue un camino por la parte frontal del cuerpo hasta llegar al término del perineo.

Función: Este Meridiano gobierna todos tus Meridianos Yin.

2. **Du Mai** - 'El Meridiano que Gobierna'

Ubicación: este meridiano comienza en el cóccix, donde luego sube por la columna hasta terminar en un punto justo detrás de los dientes.

Función: este meridiano gobierna todos tus meridianos de Yang. También es responsable de los aspectos de protección / defensa de tu Chi.

3. **Dai Mai** - 'El Meridiano de la Faja'

Ubicación: corriendo en paralelo con los riñones y el ombligo, este Meridian se llama así porque se envuelve alrededor del cuerpo como una faja.

Función: este meridiano gobierna tu sentido del equilibrio.

Meridianos Yin y Yang

- Bazo y estómago
- Pulmones e intestino grueso
- Hígado y vesícula biliar
- Riñones y vejiga
- Corazón e intestino delgado
- Pericardio y Triple Calentador

Arriba está la lista de parejas de meridianos para el

Yin y el Yang. Tu Chi requiere que estas fuerzas estén equilibradas y tus Meridianos estén emparejados en relación entre sí y sus aspectos. Con las curaciones de Reiki y la acupuntura, cuando ocurre un desequilibrio, el órgano asociado de la pareja también debe curarse, ya que también está fuera de armonía con su meridiano emparejado. Por lo tanto, si estás realizando una curación del meridiano de los pulmones, también querrás hacer una curación del intestino grueso, a fin de restaurar tu armonía para que el Chi pueda fluir sin obstáculos. ¿Suena complicado? No te preocupes, lo tenemos cubierto, como verá en los ejercicios. Encontrarás que no es difícil, solo nuevo. Continuemos con el próximo capítulo, "Ejercicios de autocuración por Reiki" y le mostraremos.

EJERCICIOS DE AUTOCURACIÓN POR REIKI

¡Finalmente, hasta el meollo de la cuestión! Te hemos dado un poco de base para prepararte para este momento. Es hora de aprender cómo realizar tus primeras curaciones de Reiki. Estas curaciones pueden realizarse solo una vez por una dolencia o, mejor aún, varias veces. Los problemas que tardaron un tiempo en desarrollarse pueden llevar más tiempo, por lo tanto, ten en cuenta que a veces querrás realizar muchos tratamientos para garantizar una curación adecuada.

Antes de comenzar con los ejercicios, deberíamos tomarnos un momento para aconsejarte sobre la importancia de una respiración adecuada. Las técnicas de respiración adecuadas pueden ayudarte con una serie de cosas, que incluyen lidiar con el dolor, reducir el enfoque cuando necesitas ser agudo, y relajarte lo suficiente como para alcanzar un estado meditativo adecuado. ¿Es complicado? No, o al menos, no tiene que ser así. Existen técnicas avanzadas, por supuesto, que pueden tomar bastante tiempo para aprender. Sin embargo, todo lo que necesitas para comenzar es un ejercicio simple que detallaremos para ti ahora. Apréndelo, practícalo, conócelo. ¡Es primitivo pero te llevará a donde necesitas ir!

Entonces, si estás listo, describamos los pasos para tu primer ejercicio de respiración. *Ejercicio de respiración*

1. *Siéntate en un lugar cómodo para practicar. De esta manera no tienes distractores. Una vez que estás acostumbrado a medir la respiración, se convierte en una segunda naturaleza, de hecho, en momentos de estrés, puedes en automático usar técnicas de respiración que has dominado. Una vez que estés cómodo, sigamos adelante.*
2. *Inhala lentamente mientras cuentas hasta cuatro.*
3. *Contén la respiración lentamente mientras cuentas hasta*
4. *Exhala lentamente mientras cuentas hasta*

¡Eso es todo! Simple, pero efectivo. Puedes intentar alternar tus recuentos, por ejemplo, inhalar por 4, mantener durante 4, exhalar por 3 para ver cómo se siente. Diferentes combinaciones pueden producir diferentes resultados. Experimenta con ellos para ver qué te hace sentir más saludable y más concentrado. Parece una herramienta simple de un vistazo, pero es posible que te sorprendas de las aplicaciones que encontrarás. Ahora que sabes cómo respirar adecuadamente, vamos a comenzar con la curación del Triple Calentador, ya que este Meridiano deberá sanarse junto con cualquier otro Meridiano que estés tratando. Debido a su naturaleza (regulación de la temperatura corporal, fluidos corporales y metabolismo), el Triple Calentador casi siempre estará desequilibrado cuando haya un desequilibrio con los otros Meridianos. Tener el hábito de hacer esto puede hacer que tus curaciones sean más eficientes. Una nota, si lo desea, grábate leyendo los pasos de estas curaciones y escúchalo con un poco de música mientras practicas. Mantén la música instrumental para no distraerte. Esta es una excelente manera de aprender una curación si te gusta una inmersión con manos libres en lugar de sentarte y memorizar del libro. Por lo general, la curación de Reiki implicará la colocación de manos en lugares particulares, y las veremos más adelante, pero este método te permite realizar Reiki, y guardar los Meridianos correctamente en la memoria. **Curación Reiki para cada uno de los 12 meridianos.** *Triple Calentador*

1. *Comienza tus ejercicios de respiración, relajado. Visualiza tu propio Chi que se enciende a tu alrededor como una luz blanca brillante que te rodea dentro de ti. Trata de tener una idea de cómo fluye a través de tu cuerpo. ¿Sientes el bloqueo que está presente? Si no, no te preocupes, esto llegará con el tiempo. Coloca la mano, la palma abierta y los dedos ligeramente extendidos en el lugar sobre tu Pericardio. Como mencionamos anteriormente, es la membrana que encierra tu corazón la que drena el exceso de energía, por lo que vamos a aprovechar esto. Con tu Chi energizado a través de la visualización, comienza a atraer el exceso de energía hacia tu palma. Velo reunirse como una bola de luz, casi demasiado brillante para mirar. Ahora vamos a mover la bola de luz mientras movemos nuestra mano sobre el Meridiano. Cabe señalar que muchos practicantes simplemente mantendrán una mano sobre la cabeza o el pecho, y rastrearán los meridianos a través de la visualización. Sin*

duda puedes hacerlo si lo deseas, pero es una buena práctica practicar el rastreo de los meridianos al principio para aprenderlos. Sin embargo, quizá prefieras mover la mano, ya que se siente bastante elegante. Dicho esto, comienza colocando tu palma abierta sobre la uña del dedo anular. Visualiza el Meridiano como un cable eléctrico hecho de su propia luz blanca. Mueve tu mano con la bola de luz y ve cómo hace chispa con la energía Chi blanca mientras la llevas del brazo al hombro, moviéndola lentamente hacia atrás y detrás del hombro, mientras la acercas a la parte superior de la oreja y se detiene en tu ceja. Observa cómo la bola de luz se hace más pequeña a medida que transfiere la energía, y finalmente desaparece en el extremo del Meridiano. Quizá notes calor u hormigueo al hacer esto, no te preocupe, esto sucede a veces a medida que avanzas, y es algo bueno. A continuación, debemos considerar la relación Yin y Yang para este Meridiano. Se considera que el Triple Calentador es el aspecto Yang de un emparejamiento con su componente Yin, el Pericardio. Para garantizar el equilibrio, toma más energía de tu Pericardio para hacer otra bola de luz Chi, y mueve tu palma sobre el meridiano de Pericardio. Este movimiento estará muy cerca del opuesto del meridiano Triple Calentador. Mueve la palma abierta para que quede justo por fuera de tu pezón. Mueve tu mano lentamente hasta el hombro, y luego baja el brazo, deteniéndote en la uña del dedo medio. Como antes, ve la bola de luz disminuyendo lentamente mientras alimenta al Meridiano, cargándolo y destruyendo el desequilibrio y los bloqueos. Mueve la palma de la mano sobre los patrones de Meridian que acabas de trazar en esta curación, enfocándose para ver si todavía sientes algún bloqueo o desequilibrio, o si ahora se sienten energizados para ti. Puede llevar práctica desarrollar la sensibilidad a esto, así que se paciente. Algunas personas tienen la suerte de poder hacer esto naturalmente, pero la mayoría de las personas necesitarán un poco de práctica. No te preocupe si eres de ellos, pues pronto desarrollarás la sensibilidad. Si no sientes ningún bloqueo, o si todavía estás aprendiendo tu sensibilidad y no estás seguro, entonces relaja tu respiración, y considera realizar tu primera curación. ¿Te sientes diferente después de esto? Invierte en un cuaderno o en un libro en blanco para registrar tus curaciones y progresos, es una buena manera de aprender y documentar tus pasos a lo largo del camino de Reiki. Ahora, vamos a analizar la sanación de los riñones.

Riñones *Comienza tus ejercicios de respiración, alcanzando la calma interior donde estés listo para emprender esta labor. Visualiza tu propio Chi flameando a tu alrededor y dentro de tia medida que tu conciencia se expande a partir de tus respiraciones controladas. Coloca tu mano, palma abierta y dedos ligeramente extendidos, sobre tu Pericardio. Dibuja la energía Chi en tu palma, una bola blanca de luz curativa. Mueve tu palma, la bola de luz viajando con ella, a través del camino del Meridiano del Riñón. Comenzarás en la planta del pie, moviendo la luz hacia el interior de la pierna. Tráelo aún más hacia tu abdomen y más alto aún, hasta el hueso de la clavícula. Ve la línea del Meridiano tan claramente como puedas en tu mente, ahora crepitando con la energía curativa que recolectaste del Pericardio. Los riñones poseen un aspecto Yin, y el Yang de los riñones es la Vejiga. Dibuja otra bola de luz de tu Pericardio y habilitemos el Meridiano de la Vejiga. Mueve la palma y la esfera del Chi hacia tu cara, hacia la esquina interna de tu ojo,* *moviéndolo hacia arriba y sobre la parte superior de la cabeza, y luego hacia abajo por la espalda. Continúa bajando por la pierna hasta que llegar al pie, y la pelota se reduzca a nada en la uña de tu dedo más pequeño. Como antes, visualiza la línea Meridiana mientras la guardas en tu memoria a través de la práctica. Mírala serpentear por su camino, llenándose de poder mientras envías energía curativa y eliminas bloqueos y desequilibrio. Dibuja otra esfera curativa de Chi de tu Pericardio y realiza la Sanación del Triple Calentador para asegurarte de que los órganos que has sanado, y el regulador del cuerpo estén en armonía. Traza los meridianos asociados para detectar el bloqueo. ¿Ya sientes algo? No te preocupes, sigue practicando. Si no sientes ni un bloqueo, o aun te estás aprendiendo tus meridianos, siéntete libre de considerar esta práctica de curación completa.* ¡Práctica práctica práctica! Continuemos ahora para aprender una curación para el Bazo. **Bazo**

1. *Comienza tus ejercicios de respiración, igual que antes. A medida que tu conciencia se expande, visualiza tu Chi, brillando intensamente. Coloca*

tu mano, palma abierta y dedos ligeramente extendidos, sobre tu Pericardio. Toma el exceso de energía proveniente del Pericardio en tu mano, formando una bola de luz. Mueve la esfera de luz de tu palma y Chi hacia tu pie, hacia el borde exterior del dedo gordo. Muévelo desde ahí lentamente hacia arriba por la pierna y más arriba, hasta el muslo. Muévelo aun más arriba, arriba del abdomen, y llévalo hacia afuera del pezón hasta llegar a tu segunda costilla. Muévelo hacia abajo nuevamente a la terminal, el sexto espacio intercostal de las costillas (el espacio intercostal es el espacio entre las costillas). Al igual que con las curaciones anteriores, ve las líneas Meridianas mientras las trazas. Míralas llenándose de energía mientras la esfera disminuye lentamente. El Bazo se considera el Yin en su combinación con el Yang del Estómago. Dicho esto, equilibremos el Yin y el Yang para asegurar que estos órganos funcionen en armonía. Dibuja una esfera de energía Chi desde tu Pericardio nuevamente y mueve tu mano hacia tu cara, sosteniéndola justo sobre el centro de tu ojo. No te preocupes, esta luz es muy buena para ti. Comience a moverla por la cara hasta el borde de la mandíbula, luego hacia la frente.

Mueve tu palma de luz lentamente hacia el abdomen, donde la bajará por la parte delantera de la pierna hasta tu pie y la terminal del Meridiano, tu segunda uña del pie. Visualiza el meridiano del estómago brillando ahora, libre de bloqueos y desequilibrios, y complementando la otra mitad del Yin y el Yang, el Bazo. Realice la curación del Triple Calentador para asegurarte de ser minucioso. Ahora que hemos realizado la curación, rastrea los meridianos con tu palma de nuevo, tanto para practicar como para ver si puedes sentirlos fluir con Chi sin obstáculos. Si no sientes ningún bloqueo, considere una sanación exitosa. Pasemos a nuestro próximo candidato, el hígado. **Hígado**

1. *Comienza tus ejercicios de respiración para tener la mentalidad adecuada.*
2. *Comienza la visualización de la energía Chi a tu alrededor, la misma energía que te impregna a ti y a todo en el universo. Velo como una luz brillante que te rodea y te llena. Coloca la mano, la palma abierta y los dedos ligeramente extendidos, sobre el pericardio. Dibuja la energía necesaria en un orbe para que esté listo para ser redistribuido. Mueve tu mano con el Chi curativo*

hacia tu pie. Comenzando en el dedo gordo del pie (visualiza la línea que comienza debajo de la uña), traza la palma abierta hasta la pierna interna, y llévala hacia arriba. Muévela más arriba a lo largo de la parte exterior de tu abdomen, observando cómo alimenta al Meridiano del Hígado con una luz blanca que hace chispa como la electricidad. Continúa hasta el esternón, y has completado el circuito. Ve todo el Meridian limpio y brillando con la energía que has colocado allí, y conserva la mayor cantidad posible en tu memoria. Pronto lo conocerás como el dorso de tu mano. El hígado se considera el aspecto Yin de tu emparejamiento Yin / Yang con la vesícula biliar. Muévelo hacia el Pericardio y extrae más Chi. Siéntelo como un calor en la mano y escúchalo crujir. Necesitaremos mucha energía, ya que este Meridiano toma un largo camino a través del cuerpo. Mueve tu mano a la esquina exterior del ojo. Deja que el orbe se suelte y visualízalo yendo dentro de tu cabeza y hacia abajo, hacia la parte delantera de tu hombro. Cógelo con la palma de tu mano, y llévalo lentamente por tu abdomen, dejándolo soltar nuevamente para que entre, mientras mueves la palma hacia abajo. Mira cómo el orbe vuelve a tu mano, ahora más pequeño ya que gasta tus energías. A continuación, muévelo hacia abajo por el lado externo de la pierna y lo llevarás gentilmente hasta su terminal, la uña del cuarto dedo del pie. Este es un poco más complicado pero lo aprenderás. Con este fin, trata de verlo brillando intensamente en los ojos de tu mente, lleno de la energía que le alimentaste. Los meridianos de la vesícula biliar y el hígado ahora están trabajando, una vez más, en armonía juvenil. Realice la curación del Triple Calentador para descartar cualquier desequilibrio que pudiera haber causado el meridiano del hígado y la vesícula biliar cuando estaban en desarmonía. Rastrea los meridianos con los que acabamos de trabajar con tu palma abierta. Ve si puedes sentir las armonías de los meridianos con los que acabas de trabajar tan íntimamente. Si no sientes ningún bloqueo, sigamos adelante. **Corazón**

1. *Comienza con tus ejercicios de respiración para centrarte. Abre tu percepción y ve tu poder Chi, arder brillantemente. Coloca tu mano sobre el pericardio, con la palma abierta y los dedos ligeramente extendidos. Dibuja sobre el exceso de*

Chi que tu cuerpo está derramando y dale forma de orbe. Tómate un momento para disfrutar de la maravilla de su brillantez. Como una caja llena de cachorros o gatitos, la sonrisa de un bebé, un helado en un caluroso día de verano ... esto es lo más importante de la vida. Mueve la energía Chi en tu mano abierta a tu axila. Ahora muévelo lentamente por tu brazo interno y tómalo suavemente a la uña de tu dedo más pequeño. Visualiza el meridiano brillando intensamente de la energía que acabas de solicitar. Grábalo en tu memoria y sigamos equilibrando su contraparte. El meridiano del corazón es el Yin de su pareja Yin y Yang con el intestino delgado. Para sanar el intestino delgado y restablecer la armonía total en los dos, mueve tu mano hacia el pericardio, la palma abierta y los dedos extendidos ligeramente, y atrae energía fresca hacia él y forma una esfera en tu mente. Mueve tu mano hacia la mano opuesta, sosteniéndola sobre la uña del dedo más pequeño. Muévala hacia arriba, sobre la parte posterior de tu brazo hasta el hombro, el orbe de luz Chi se vuelve más pequeño a medida que avanzas. Bájalo de tu hombro, y luego regrésalo a la garganta. Desde aquí, lleva una pequeña esfera a tu oído donde la última energía que recogiste será absorbida en el Meridiano. Nota el Meridiano, ahora libre de bloqueos y con poder, resplandeciendo con luz, y guarda todo lo que puedas en tu memoria. Realiza el Triple Calentador para asegurar la minuciosidad de este trabajo de salud. Traza todos los meridianos con los que hemos trabajado en esta curación para ver cómo se sienten las energías. ¿Todavía sientes un bloqueo, o se sienten como ríos de energía? Si no sientes ningún bloqueo, continuemos. **Pulmones**

1. *Comienza tus ejercicios de respiración en preparación para la manipulación de tu Chi. Ve tu Chi, a tu alrededor y dentro de ti, brillando más que cualquier reflector. Coloca tu mano, palma abierta y dedos ligeramente extendidos, sobre tu Pericardio para que podamos recolectar el exceso de energía Chi. Dibújala en tu mano, una esfera ardiente de luz curativa. Mueve tu mano hacia arriba, hacia la parte superior de tu caja torácica, deteniéndote al inicio del Meridiano. Este será el primer espacio intercostal o, simplemente, el primer espacio entre tus dos primeras costillas. Mueve lentamente la luz Chi por el hombro y deja que se mueva hacia abajo*

por la parte delantera de tu brazo, la bola disminuyendo de tamaño conforme la energía fluye hacia el Meridiano. Continúa bajando por la parte delantera de tu brazo hasta llegar a la uña del dedo gordo, donde el pequeño orbe finalmente agotará su energía. Tómate un momento para disfrutar de la vista de este meridiano, brillando intensamente y sin bloqueos antes de continuar con su contraparte de Yin y Yang. Los pulmones se consideran el emparejamiento Yin i Yin y Yang que existe con su contraparte, el intestino grueso. Volvamos nuestra mano con la palma abierta al Pericardio, y una vez más recojamos energía Chi curativa. Recoge tu esfera de luz blanca y llévala con la mano hacia la uña del dedo índice. Desde ahí, lleva tu brazo a la parte posterior del hombro y, a medida que la esfera de luz se reduzca, llévala más hacia tu cara, y a su terminal: tus fosas nasales. Realiza la curación Triple Calentador para asegurarte de que esto también esté en equilibrio, y para garantizar la eficacia de este trabajo. Traza los meridianos con tu mano para ver lo que sientes. A estas alturas es probable que estés desarrollando sensibilidad a estas energías. Buen trabajo. Pronto estará listo para otras técnicas también. Si sientes que no hay bloqueo, sigamos adelante y no lo olvides, algunas curaciones pueden tomar varias sesiones, así que no tengas miedo de realizar esta u otras curaciones varias veces en una semana. Ahora pasaremos con nuestro amigo, aquella 'compañía eléctrica' de repuesto Chi, el Pericardio. **Pericardio**

1. *Comienza tus ejercicios de respiración, como siempre. No descuides la respiración adecuada, es mucho más fácil ingresar al estado mental necesario para estas labores. Ve tu Chi en todo su esplendor, ardiendo y llenándote. Y estamos listos... Coloca tu mano, palma abierta y dedos ligeramente extendidos, sobre tu pericardio. Mientras hacemos una curación para el Pericardio, mientras intentas extraer energía, tira también mentalmente de algunos de los Chi que te rodean. Eres uno con el Universo, por lo que extraer esta energía es simplemente tomar prestado de ti mismo. Se repone. Mueve tu mano abierta y sosténgala sobre el espacio justo afuera de tu pezón, levantándola lentamente por el hombro y luego hacia abajo por la parte delantera de tu brazo. Observa cómo disminuye la bola de luz, y siente*

cualquier bloqueo explotando en la luz curativa de tu Chi, y mueve la esfera menguante hacia el extremo de este Meridiano, la uña de tu dedo medio. Tómate un momento para admirar este meridiano de luz que sirve al cuerpo como un camino para tu Chi. Pronto te sabrás esta ruta de memoria. Como ya estamos familiarizados con el emparejamiento Yin Yang (el Pericardio se empareja con el Triple Calentador), realiza la Sanación del Triple Calentador para continuar. Traza los meridianos tanto del pericardio como del triple calentador para ver lo que siente. ¿Se sienten bloqueados todavía? ¿Armonioso? Deben sentirse saludables y restaurados después del trabajo. Si no sientes ningún bloqueo, podemos continuar hasta la vesícula biliar. **Vesícula biliar**

1. *Comienza tus ejercicios de respiración para prepararte. Con cada vez que practicas, se hace cada vez más fácil ver el Chi a tu alrededor. Tómate un momento para felicitarte por tu paciencia y perseverancia. Disfruta de tu Chi un momento y continuemos. Coloca tu mano, palma abierta y dedos ligeramente extendidos, sobre el Pericardio. Extrae el exceso de Chi y siente cómo*

llena tu mano con calor y poder curativo. Describimos el camino meridiano de curación de la vesícula biliar cuando hablamos sobre el hígado, sin embargo, como es uno de los meridianos más complicados de memorizar, lo enumeraremos nuevamente para ti. "Mueve tu mano hacia la esquina externa de tu ojo. Deja que el orbe se suelte, y visualiza que vaya por dentro de tu cabeza y hacia abajo hacia la parte delantera de tu hombro. Atrápalo con la palma de la mano, y llévalo lentamente hacia el abdomen, soltándolo nuevamente para que entre, mientras mueves tu palma hacia abajo. Mira cómo el orbe vuelve a tu mano, más pequeño ahora que gastó sus energías. Luego, lo moverás hacia abajo por el lado externo de tu pierna, y lo llevarás suavemente a su terminal: la uña del cuarto dedo del pie ". Mueve tu mano sobre tu Pericardio y recolecta más luz curativa de tu Chi. Dirige el orbe con tu mano sobre el meridiano del hígado de antes en este capítulo.

1. *Realiza la curación del Triple Calentador. Traza los meridianos asociados para detectar bloqueo o desequilibrio. Si estás satisfecho con lo que sientes*

de los meridianos, es hora de seguir adelante. **Vejiga**

1. *Comienza tus ejercicios de respiración para relajarse adecuadamente. Visualiza tu Chi, poderoso y ardiente alrededor y dentro de ti, listo para esta labor. Coloca tu mano, palma abierta y dedos ligeramente extendidos, sobre tu Pericardio. Recoge el exceso de energía Chi en tu palma en una bola de luz blanca. Mueve tu mano hacia tu cara, hacia la esquina interna de tu ojo, donde luego pasa por encima de la cabeza. A medida que la luz Chi disminuye lentamente mientras fortaleces el Meridiano, muévelo por la espalda y las piernas hasta que el Meridiano termine en la uña del dedo meñique (dedo más pequeño) y absorba completamente la esfera Chi. Como aprendimos de una curación previa en este capítulo, la Vejiga es el acoplamiento Yang del Yin y Yang que tiene con los Riñones. Reúne más energía de tu Pericardio, y realiza el paso 4 de la curación de los Riñones para potenciar el Meridiano del Riñón para el equilibrio. Realice la curación del Triple Calentador para asegurar el equilibrio. Revisa los meridianos de esta*

curación con tu mano y tu creciente sentido de las energías.

2. *Si no sientes ningún bloqueo, podemos pasar a nuestra próxima curación.* **Estómago**

1. *Comienza tus ejercicios de respiración para centrarte. Una vez centrado, abre tu conciencia para ver tu energía Chi a tu alrededor y dentro de ti. Estamos listos para continuar. Coloca la mano, la palma abierta y los dedos extendidos ligeramente sobre tu pericardio. Saca el exceso de energía Chi y deja que se forme en una bola de luz ardiente. Mueve tu mano hacia tu cara, justo debajo del centro de tu ojo. Mueve la esfera de Chi en tu mano hacia abajo, hasta el borde de la mandíbula, luego hasta la frente. Desde ahí, mueve la mano lentamente por la garganta, a medida que la energía de la esfera ingresa al meridiano del estómago. Continúa bajando por la parte delantera de tu abdomen, bajando por la parte delantera de tu pierna hasta llegar a su terminal: tu segundo dedo del pie. El meridiano del estómago es el Yang del Yin y el emparejamiento de Yang que disfruta con su Yin: tu Bazo. Extrae energía una vez más de tu pericardio y sana el meridiano del bazo (solo*

realiza el paso 4 de la curación enumerada anteriormente en este capítulo) Realice la Sanación del Triple Calentador para asegurarte de que el bloqueo anterior no haya causado ningún desequilibrio. Traza los meridianos asociados con esta curación para asegurarte de que el flujo de Chi a través de estos meridianos sea saludable y desbloqueado. Si no sientes ningún bloqueo, considere la curación exitosa. No te preocupes, solo nos quedan dos más. Esperamos que hayas tomado nuestro consejo de antes, y hayas creado un registro de tu progreso. Esta es a menudo la mejor manera de tener una buena idea de cómo vas progresando, y también para monitorear que tan seguido estás practicando. El Reiki es un camino gratificante hacia una vida larga y saludable. Dicho esto, y sin más preámbulos, pasemos a la primera de las dos últimas curaciones en este capítulo, el intestino delgado. **Intestino delgado**

1. *Comienza tus ejercicios de respiración y despeja tu mente para que seas receptivo a tu Chi, Visualiza tu propio Chi, envolviéndote de*

pies a cabeza con las luces más brillantes, la vida pura y la dicha divina. Coloca tu mano, palma abierta y dedos ligeramente extendidos, sobre tu pericardio. Extrae el exceso de energía Chi a tu mano en una bola de blanco resplandeciente. Mueve la palma de tu mano y la esfera de Chi a la mano opuesta, llevando la luz al inicio del meridiano del intestino delgado, tu dedo meñique (el más pequeño). Mueve la esfera hacia arriba del Meridiano, ubicada arriba de la parte posterior de tu brazo, hasta tu hombro. Observa que el orbe disminuye de tamaño a medida que continúas hacia el cuello, y hasta la terminal del extremo meridiano en la oreja. Mira el meridiano crepitar de energía. Según la práctica con las curaciones anteriores, es probable que ya te resulte familiar, casi como un viejo amigo. Continuemos. El intestino delgado es el componente Yang de su emparejamiento con el corazón Yin. Al llegar a tu Pericardio, reúne más exceso de luz Chi en un orbe, y usa este para sanar el Meridiano, para que tu Corazón equilibre los dos Meridianos. Usa solo el paso 4 de la Curación Meridiana del Corazón. Realice la curación del Triple Calentador para asegurar el equilibrio. Revisa los meridianos con tu mano, abre la palma y los dedos ligeramente extendidos, trazando sus caminos para sentir sus energías. ¿Se sienten más equilibrados? Si no sientes ningún bloqueo, estamos listos para continuar hacia la última de las curaciones de este capítulo para que practiques. Buen trabajo. **Intestino grueso**

1. *Comience tus ejercicios de respiración para que puedas ser receptivo a tus energías Chi. Visualiza tu Chi, brillante y poderoso de tu práctica y curaciones previas. Coloca la mano, la palma abierta y los dedos ligeramente extendidos, sobre el pericardio. Extrae la energía que necesitaremos en un orbe curativo y continuemos. Mueve tu mano y Chi curativo a la mano opuesta, apuntando hacia la uña de tu dedo índice. Mueve la esfera curativa hacia arriba de tu brazo, observa cómo se vuelve más pequeña a medida que gasta energía en destruir el bloqueo y potenciar este Meridiano. Continúa moviendo la luz curativa hacia arriba y detrás de tu hombro, y luego hacia tu cara, agotando la esfera mientras termina en tus fosas nasales. El intestino grueso es el Yang a su Yin de tus pulmones. Mueve tu mano hacia el Pericardio, y extrae otra esfera de*

energía Chi curativa, y luego úsala para rastrear y sanar el meridiano de los pulmones. Sana solo el meridiano, no realices la curación completa de los pulmones. Realiza la curación del Triple Calentador para asegurar una función adecuada, ahora que el Intestino grueso y los Meridianos pulmonares están nuevamente en armonía. Usa tu sensibilidad, volviéndote más afinado con tu práctica para verificar la integridad de los meridianos que acabas de sanar.

2. Si estás satisfecho con los resultados de esta curación, entonces estás listo para seguir adelante. Así concluye nuestro capítulo sobre los ejercicios de autocuración por Reiki. A continuación vamos a discutir los Tres Pilares, un conjunto de trabajo de Reiki fundamental que Mikao Usui desarrolló para su uso antes de las curaciones, e incluso como parte de tu rutina diaria. Vamos a seguir esto con una curación basada en la sanación por Reiki tradicional donde aprenderás las ubicaciones tradicionales de las manos ahora que tienes suficiente conocimiento de los meridianos para utilizarlos. Aquí es donde todo se conecta.

5

LOS TRES PILARES Y LA SANIDAD POR REIKI PARA OTROS

Los Tres Pilares del Reiki

Además de los 5 Principios del Reiki, Usui enseñó los Tres Pilares como una forma de práctica fundamental para el Reiki. Estas meditaciones deben realizarse antes de cada sesión (a algunos les gusta realizar la meditación Gassho todas las mañanas) y la guía te ayudará a perfeccionar tu intuición en algo en lo que puedas confiar fácilmente. Entonces, para comenzar, te informaremos sobre cada Pilar y luego te daremos información sobre cómo observar los Pilares antes de realizar una Sanación de Reiki. **Gassho** - Traducido como 'Dos manos unidas', Gassho es muchas cosas, entre ellas un momento de limpieza seguido de lo que equivale a una declaración espiritual de intenciones. Por último, proyectar el sentimiento de gratitud a la conciencia colectiva hacia la sanación que estás a punto de realizar. **Reiji-Ho** – La traducción más cercana es 'la indicación del poder Reiki'. El Reiji-Ho esencialmente pide que tus manos sean guiadas. Esto ayuda a tu objetivo de ser intuitivo sobre si los meridianos están desequilibrados, con poco o ningún esfuerzo. **Chiryo** - Traducido como 'Tratamiento', esta parte es más de acción que de meditación. Habiendo realizado el Gassho y Reiji-Ho, el practicante comienza a imponer las manos en los lugares donde se requiere. Al principio, usarás el orden estándar de arreglo de manos a medida que aprendes las ubicaciones del cuerpo, pero eventualmente, a través del Chiryo, desarrollarás una idea de dónde colocarlas. Entonces, ¿cómo invocar estos pilares? Bueno, con Chiryo es, como dijimos, simplemente practicar. Para los dos primeros accederás a tus energías de esta manera: *Invocación de Gassho*

1. *Encuentra un lugar cómodo para sentarte (puedes hacerlo de pie si lo deseas, como te sientas más cómodo). Comienza tus ejercicios de respiración para tener la mentalidad adecuada. Cierra los ojos y coloca las manos delante de ti, cerradas en posición de "oración".*

> *Presiona tus dedos juntos, y centra tu atención en la punta de tus dedos medios. Recita los 5 principios de Reiki:* ***Solo por hoy, no te enfades***

Solo por hoy, no te preocupes

Solo por hoy, se agradecido

Solo por hoy, trabaja duro

Solo por hoy, sé amable con los demás. *Cuando hayas terminado, proyecta tus sentimientos de gratitud hacia el Universo, hacia la conciencia colectiva ... y listo.* A continuación, seguiremos con la parte orientativa de la rutina de pre-curación. La invocación de Reiji-Ho ayudará enormemente a tu intuición, y el efecto es acumulativo, como pronto verás. **Invocación Reiji-Ho**

La invocación de Reiji-Ho se realiza en 3 partes pequeñas. **Parte 1**: con las manos colocadas como antes cuando realizabas el Gassho, cierra los ojos y pide que el poder de Reiki fluya a través de ti. Visualiza energías de todos los colores que vienen de todas las direcciones hacia ti, iluminando tu Chi como una estrella. Ahora tienes el poder para tus sanaciones.

Parte 2: Pídele al Universo que el problema se cure.

Pide su recuperación en todos, incluso los niveles inesperados.

Parte 3: Pídele al Universo y al poder de Reiki que guíen tus manos, llevándolas a donde se necesiten para que tu paciente pueda sanarse por completo. Ahora puedes continuar hacia Chiryo, donde practicas tus posiciones de sanación con Reiki. Con el tiempo, no tendrá que hacerlos todos, solo los que se necesitan. Continuemos ahora con tu primera curación de Reiki tradicional. Será mucho más fácil de lo que esperas. Ahora que conoce los Meridianos, todo lo que necesitas para la sanación Reiki es la mentalidad adecuada, los Pilares, y tu conocimiento obtenido con tanto esfuerzo de los Meridianos. ¿Emocionado? Entonces continuemos. **Sanación de Reiki tradicional** En el Reiki japonés tradicional, hay posiciones de manos usadas para sanar los meridianos. Si bien normalmente no tocas a alguien cuando estás haciendo la curación, puedes poner las manos sobre ellos (con consentimiento), sostener tus manos ligeramente sobre ellos en los lugares correctos, o colocar las manos de las personas en la posición correcta con las tuyas sobre ellos (bueno para las áreas que son un poco más privadas). Ahora que tienes un conocimiento práctico de los meridianos con los que trabajarás, estás listo para una curación tradicional. Esto no requiere ningún ritual especial, por así decirlo. La colocación básica sobre las áreas afectadas y el enfoque en el flujo adecuado del Chi es todo lo que se requiere. Dicho esto, una pequeña explicación a medida que trabajas puede ayudar mucho a tu paciente para que entienda exactamente lo que estás haciendo. Para futuras curaciones, todo lo que se requiere es una simple colocación de la mano en las áreas correctas combinadas con tu conocimiento de Meridianos. Puedes hablar sobre tu día con el paciente de manera regular. El Chi irá a donde debe ir por naturaleza, todo lo que necesita a veces es un pequeño empujón de Reiki. Estos son los pasos que puedes seguir para otorgar una curación de Reiki tradicional para otra persona. Sigue estos pasos para aprender las posiciones de las manos y pronto estarás listo para hacer tales curaciones por tu cuenta. **Pasos para la Sanación Reiki** Haz que el receptor de la sanidad se acueste boca arriba en un lugar cómodo y de fácil acceso. Cuando te conviertes en experto en Reiki, podrías considerar comprar una vieja cama de hospital, o una mesa de masaje para tus sanaciones, ya que estas tienen la altura adecuada para una sesión de Reiki. Coloca ambas palmas abiertas sobre el pericardio de tu paciente. Hazle saber que tu función es expulsar el exceso de Chi, y que lo extraerás para redistribuirlo por todo el cuerpo según sea necesario. Hazle saber también que este tratamiento no es invasivo en absoluto, que involucra solo tu conocimiento del flujo de Chi y la colocación adecuada de tus manos para empujarlo, ya que su cuerpo hace el resto, y que el paciente pueda sentirse libre de tener una agradable conversación contigo mientras las cosas continúan sin temor a interrumpir las energías. Coloca tus manos en la **Primera Posición**.

Ubicación: Rostro, cubriendo los ojos.

Con la primera posición, estarás de pie detrás de tu paciente, con las manos ligeramente ahuecadas sobre tus ojos. No toques, solo sostén las manos arriba (dependiendo de tu estilo personal y el nivel de comodidad del paciente) Alternativamente, puedes colocar las manos del paciente sobre sus ojos, y las tuyas por encima de ellos si eso es más deseable para aquel a quien estás sanando.

4. Mantén las manos en su lugar y siente el flujo de Chi a través de los meridianos. Ve al Chi fluir a través de ellos, destruyendo obstáculos en su camino para que la energía vital fluya libremente a lo largo de cada meridiano, como debe ser. 5. Ahora veremos la **Segunda Posición**.

Ubicación: parte superior de la cabeza del paciente.

Lleva tus manos ligeramente hacia atrás para que el interior de tus muñecas toquen la parte superior de la cabeza, y tus manos se coloquen de modo que haya una a cada lado, con la punta de los dedos casi tocando sus orejas. 6. Mantén tus manos en su lugar y siente el flujo de energía del Chi, viajando a través del cuerpo, fortalecido y estimulado para fluir por tu tratamiento. Mantén las manos en su lugar todo el tiempo que sea necesario antes de pasar a la siguiente posición. 7. Mueve tus manos a la **Tercera Posición**.

Ubicación: la parte posterior de la cabeza del paciente.

Pídele a tu paciente que levante la cabeza ligeramente. Para esta posición, tocar es más conveniente para ti, pero esto, claro, dependerá del recipiente de dicha curación, y de sus propios niveles de comodidad personal. Si están de acuerdo con tocar, mantén ambas manos juntas debajo de la cabeza, sosteniéndola cómodamente. Si no se siente cómodo con el tacto, solo asume la misma posición con las manos, y solicita que mantenga la cabeza erguida por un momento hasta que esta parte de la sanación se acomplete. 8. Con la energía Chi que tienes en tus manos, el flujo de Chi debe restablecerse en breve y podemos continuar a la siguiente posición. 9. Ahora colocaremos nuestras manos en la **Cuarta Posición**

Ubicación: cubriendo las mejillas, la barbilla y las muñecas casi tocando las orejas.

La Cuarta posición consiste en sostener el rostro del paciente desde atrás, los pulgares deben estar nivelados con las mejillas, tocar con los dedos o casi tocar debajo de la barbilla, y los talones de las manos casi tocando las orejas. Esta es otra posición donde la habilidad de tocar es favorable, pero mantengamos todo dentro de la zona de confort del paciente. 10. Tómate un momento sosteniendo las manos en la cuarta posición, persuadiendo suavemente la energía Chi para que siga su camino natural. Siente el calor mientras la corriente de Chi asume su flujo natural. 11. Estás listo para colocar tus manos en la **Quinta Posición.**

Ubicación: garganta y el centro del pecho del paciente.

Colocarás tu mano derecha, ligeramente curvada sobre el cuello del paciente. Coloca tu mano izquierda sobre el centro del pecho, al lado del Corazón. 12. Deja tus manos en esta posición, ya que más del exceso de Chi restaura el flujo de energía adecuado. 13. Moviéndote al lado de tu paciente, coloca tus manos en la **Sexta Posición.**

Ubicación: centro del tórax / caja torácica superior.

Coloca tu mano izquierda sobre el lado izquierdo de la caja torácica, justo debajo del nivel del pecho, y coloca tu mano derecha sobre el lado derecho de la caja torácica. 14. Tómate un momento para concentrarte en las energías que fluyen adecuadamente. Visualiza los meridianos más cercanos a esta área a medida que los capacitas con la colocación de tus manos y el exceso de Chi. 15. Ahora estás listo para colocar tus manos en la **Séptima Posición.**

Ubicación: el plexo solar del paciente.

Mueve ambas manos hacia el área del Plexo Solar / 'Vientre'. Está justo por encima del ombligo. 16. Mueve tus manos hacia abajo a la **Posición Ocho.**

Ubicación: huesos pélvicos del paciente.

Moviendo ambas manos hacia abajo aún más y separándolas ligeramente para que una mano esté sobre cada hueso pélvico, ahora has asumido la Octava Posición. 17. Deja que el exceso de Chi drene aún más, engatusando el flujo natural de energía Chi a través del cuerpo del receptor.

Cuando sientas que la energía fluye al máximo nivel, pasa a la siguiente posición. 18. Cuando estés listo, haz que el paciente se dé vuelta sobre su estómago. Ahora puedes colocar tus manos en la **Novena Posición**.

Ubicación: omóplatos del paciente.

Coloca las manos como antes, pero esta vez en los omóplatos, con la mano izquierda sobre el omóplato izquierdo y la mano derecha sobre el omóplato derecho. 19. Siente el flujo de energía yendo de restringido a ligeramente ensanchado, luego de un poco ensanchado a completamente sin obstrucciones. Una vez que el flujo de Chi haya sido restaurado desde la colocación de tu mano, estamos listos para pasar a lo siguiente. 20. Moviendo tus manos hacia abajo, estamos listos para detenerlos en la **Décima Posición**.

Ubicación: el centro de la espalda del paciente.

Para esta posición, simplemente estamos moviendo nuestras manos lentamente hacia abajo hasta que se ciernen sobre la parte central de la espalda. 21. Manteniendo las manos en su lugar y visualizando las líneas Meridianas, observa cómo la energía Chi reanuda un flujo saludable. 22. Ahora estamos listos para mover las manos más abajo hacia la **Posición Once**

Ubicación: la espalda baja del paciente.

Moviéndote más hacia abajo, manteniendo las manos cubriendo los lados izquierdo y derecho, muévelas hacia la parte inferior de la espalda y deténte, manteniéndolas en su lugar. 23. Mantén tus manos en su lugar hasta que el flujo de energía de Chi se sienta saludable y productivo. 24. Ahora podemos pasar a la **Posición Doce**

Ubicación: justo encima del coxis.

Mueve tus manos hacia abajo y sostén sobre el área justo arriba del coxis (definitivamente no tocar sin permiso). 25. Mantén tus manos en su lugar hasta que sientas que se han borrado todos los bloqueos, y luego estamos listos para proseguir. 26. Mueve las manos hacia las piernas para la **Posición Trece**

Ubicación: Detrás de las rodillas y en la base de los tobillos.

Coloca una mano sobre el espacio detrás de la rodilla y una mano sobre el tobillo inferior. 27. Mantén tus manos aquí y permite que el flujo de Chi se reafirme mientras visualizas la energía de Chi que fluye hacia los puntos terminales de los meridianos que terminan en sus pies. 28. Mueve tus manos a las ubicaciones finales, la **Posición Catorce**

Ubicación: las plantas de los pies del paciente.

Al acercarte o simplemente pararte delante del paciente, coloca las manos pero sin tocar las plantas de los pies. 29. Tómate un momento nuevamente para sentir la energía de los meridianos que terminan en este punto.

30. La curación está completa. Pregúntale a tu paciente cómo se siente. La mayoría reportará sentirse relajado y renovado, el Chi restaurado a sus flujos correctos y sin obstrucciones. Ahora ya sabes las sanaciones, los ritos diarios. Lo que hagas con ellos depende de ti. En el próximo capítulo ampliaremos tu conocimiento, lo que hagas con él, para bien o para mal, depende de ti. Espero que no te vuelvas un 'Reiki oscuro' después de todo este tiempo, ten un poco de paciencia, y pronto serás un sanador distinguido. Mantén cerca lo que has aprendido, enfoca tu moral y, sobre todo: sana.

PUNTOS CHAKRA Y REIKI: ¿SON COMPATIBLES?

Ahora que ha aprendido algo de sanación básica de Reiki, nos gustaría presentarte otro sistema que puede usarse en conjunto con tus técnicas actuales, para mejorar y fortalecer tus resultados. Estamos hablando de los Puntos Chakra. Entonces, ¿qué son exactamente los puntos Chakra, y son realmente compatibles con Reiki? Los puntos Chakra es un sistema derivado del hinduismo que tiene un alcance bastante interesante. Basado en escritos llamados 'Vedas', escritos entre 1000 y 1500 años antes de Cristo, la palabra real 'Chakra' se traduce como 'rueda'. Esto se basa en la creencia de que a tu alrededor y dentro de ti está tu fuerza vital, una energía giratoria que hace girar las 7 ruedas de Chakra dentro de tu cuerpo. Si una de ellas gira demasiado rápido o demasiado lento, puedes provocar desequilibrios que deben abordarse para estar sano tanto espiritual como físicamente. *Vaya, vaya.... esto suena un poco familiar, ¿no?* Como puedes ver, estos sistemas tienen bastante en común. Como tal, incorporar puntos de Chakra a tu sanación de Reiki es una forma poderosa de mejorar tus técnicas actuales, al igual que un herrero al hace una aleación de dos metales que resulta ser más fuerte de cualquiera de los 2 metales por sí solo. ¿La hibridación del sistema es realmente más eficiente? Bueno, eso lo decides tu.

Simplemente te proporcionamos la caja de herramientas, lo que decidas usar y hacer con estas herramientas depende de ti. Ahora que hemos despertado tu curiosidad, nos gustaría darte una breve introducción a los puntos Chakra en este capítulo, seguido de otro capítulo con ejercicios para que puedas practicar la incorporación de los dos sistemas para ver si es de tu agrado. Ahora, los Chakras son básicamente 7 puntos de centros de energía, que comienzan en la base de la columna vertebral, subiendo directamente hasta la parte superior de la cabeza. Estos Chakras reciben energía de los canales del cuerpo llamados 'Nadis'. Ahora, mientras que Reiki tiene los meridianos, los Nadis son similares en función pero diferentes en número. Si bien hay 12 meridianos que has memorizado y usado a menudo por ahora, hay 72,000 Nadis. Antes de salir corriendo, no, no tenemos que memorizarlos. No necesitarás conocerlos para usar lo que estamos a punto de enseñarte. Solo tus conceptos básicos de Reiki, y la información sobre los puntos de Chakra que estamos a punto de proporcionar. Así que sin más preámbulos: **Puntos Chakra - Una cartilla básica** Antes de continuar, se debe tener en cuenta que vamos a simplificar el uso de Chakras en el marco de tu curación de Reiki. Hay 7 colores asociados con los 7 puntos de Chakra, que en realidad son los 7 colores del arco iris, y como esto no solo es más fácil de recordar, sino que es muy, muy práctico para efectos visuales en las meditaciones, vamos a utilizar los nombres de los colores como enfoque principal para tu manipulación de Chakras. Los nombres 'apropiados' se incluirán en la descripción de cada uno para que te eduques en el nombre Sánscrito, y los nombres más comunes de los Chakras, pero para lo que estamos haciendo, el enfoque del color es igual de efectivo y mucho más fácil de recordar. Recuerda, esta es una guía para comenzar. Si decides que deseas obtener más información sobre la integración de Chakras y Reiki en una fecha posterior, hay mucho material de referencia para explorar. Estamos aquí para ayudarte a comenzar. Ahora, aquí están los 7 Chakras para que puedas familiarizarse con ellos antes de iniciar las aplicaciones prácticas en el próximo capítulo. **Los 7 puntos de Chakra y sus aplicaciones curativas**

Muladhara en Sánscrito significa 'Raíz' o 'Soporte', y como tal también se le conoce como el Chakra de la Raíz. Ubicado en la base de la columna vertebral, este Chakra Rojo gobierna tus instintos de supervivencia. Luchar o huir, autoconservación ... Es el centro soberano de supervivencia. Como resultado de esta influencia, el Chakra Rojo también afecta tu dependencia de las posesiones materiales para sentirte seguro y realizado en casa. Sexualmente, gobierna el impulso de procreación en la forma en que se relaciona con la sensación de seguridad en el hogar y la familia. **Asociaciones curativas**

- Su espalda baja
- Tus piernas
- Tus caderas
- Tu cóccix
- Tus órganos sexuales (si eres hombre)

Comúnmente conocido como el Chakra Sacro, el nombre de este Chakra en Sánscrito se traduce como 'Dulzura'. Entonces, ¿cuál es su propósito y dónde está? Ubicado debajo del ombligo, el Chakra Naranja es bastante importante en cómo interactuamos en la vida. El Chakra Naranja rige cómo procesamos las experiencias en la vida, y cómo nos conectamos con los demás. Básicamente, la salud de este Chakra determina cómo lidiamos con el triunfo y la tragedia, y nuestro propio sentido de identidad. Desde otro aspecto emocional, un Chakra Naranja saludable nos permite utilizar nuestra fuerza interior para nosotros mismos y para los demás. Piensa en ello como una especie de 'estación de radio del yo' en este aspecto, si el Chakra está sano, entonces tu y otros pueden escuchar tu música y tus anuncios en voz alta y orgullosa, mientras que un bloqueo hace que la señal sea áspera y difícil de entender por completo. Asociaciones curativas

- Tu intestino grueso
- Tu colon
- Tu vejiga
- Tus órganos sexuales (si son mujeres)

3. Chakra amarillo - Manipura - Chakra del plexo solar

Es un nombre Sánscrito que se traduce como 'Gema brillante', el Chakra Amarillo se encuentra en el estómago. Mientras que el Chakra Naranja transmite tu auto-poder como una estación de radio, el Chakra Amarillo es el asiento real de dicho poder. Este Chakra está fuertemente vinculado a tu vida personal y profesional. En el área personal de tu vida, es tu capacidad de comprenderte a ti mismo como realmente eres. Un Chakra Amarillo bloqueado puede llevar a un autoengaño, por lo que debes lidiar con los bloqueos rápidamente si sospechas que podría haber uno. Desde un nivel personal y profesional, el Chakra Amarillo determina cuánto puedes comunicar quién eres tu al mundo en general. También refleja tus habilidades y destrezas personales. Las meditaciones de este Chakra pueden ser bastante útiles al adquirir nuevas habilidades, así que asegúrate de prestar atención a tu salud. **Asociaciones curativas**

- Tu vesícula biliar
- Tu estomago
- Tus riñones
- Tu hígado

- Tu páncreas

4. Chakra Verde - Anahata - Chakra del Corazón

La traducción en Sánscrito para el Chakra Verde se ajusta a su denominación del 'Corazón'. Su nombre se traduce como 'ileso, no golpeado e invicto'. Ubicado en el centro del cofre, el Chakra Verde gobierna cuánto podemos amarnos a nosotros mismos y a los demás. Como tal, como el Chakra Naranja, puede determinar cómo procesamos nuestra experiencia y las lecciones de la vida. Después de todo, preguntas como '¿Me amo a mí mismo' y '¿Me aman los demás?' tienen un profundo efecto sobre si tomamos una caída como una lección o un castigo. **Asociaciones curativas**

- Tu corazón (por supuesto)

- Tus senos
- Tus pulmones
- Tus brazos
- La parte superior de la espalda

5. Chakra Azul - Vishuddha - Chakra de la Garganta

En Sánscrito, 'Vishuddha' significa 'Purificación', y en aspectos de gobernanza, el Chakra Azul rige la comunicación con uno mismo y con los demás, pero de una manera muy particular. Quédate con nosotros en esto. El Chakra Azul gobierna otro aspecto muy importante de la vida, tu creatividad. Los poetas, escritores y artistas del mundo requieren que el Chakra Azul permanezca desbloqueado, ya que afecta directamente su capacidad de tomar un concepto o abstracción, y convertirlo en algo sólido que el mundo pueda comprender y disfrutar. Este Chakra está ubicado en la base de tu garganta. **Asociaciones curativas**

- Tu boca
- Tus orejas
- La tiroides
- Tu laringe
- Tu garganta
- Tu cuello

6. Chakra Índigo - Ajna - Chakra del tercer ojo

Si bien el nombre común, 'Chakra del tercer ojo' te hace pensar que esto es solo para la percepción espiritual, el nombre Sánscrito es mucho más preciso al describir su función. Traducido como 'Percibir', el Chakra Índigo gobierna la conciencia espiritual, sí, pero también gobierna tu capacidad de pensar lógicamente, de percibir lo que es real de una manera objetiva. El Chakra Índigo te permite tomar problemas o percepciones inmediatas, y luego tomar una decisión consciente de "retroceder" y ver las cosas desde la perspectiva de un ave. Interpretando la imagen más grande, si quieres. El Chakra Índigo, por supuesto, se encuentra justo por encima de los ojos en el centro de la frente. **Asociaciones curativas**

- Tu glándula pineal
- Tus ganglios linfáticos
- Tu cerebro
- Tus senos nasales
- Tus ojos
- Tu sistema endocrino.

7. Chakra Violeta - Sahasrara – Chakra Corona

"Mil veces" es su nombre en Sánscrito, el Chakra Violeta es el asiento de tu poder espiritual. Ubicado en la parte superior de tu cabeza, este Chakra gobierna la conexión con todas las cosas espirituales, así como la conciencia de tus conexiones con el universo. La previsión también se ve afectada por el Chakra Violeta, ya que conocer tu lugar en el panorama grande te brinda una mayor posibilidad de predecir con precisión, o conocer tu futuro. **Asociaciones curativas**

- Tus articulaciones
- Tu columna vertebral
- Tus vértebras cervicales.

Ahora que hemos aprendido algunos conceptos básicos sobre el sistema Chakra, continuemos con algunos ejercicios a los que podremos incorporar con tu conjunto actual de habilidades Reiki. Los resultados del emparejamiento de dos sistemas potentes pueden ser extraordinarios, como pronto descubrirás. Entonces, cuando estés listo, continuemos a nuestro próximo capítulo, 'Incorporando puntos Chakra a la curación de Reiki'.

INCORPORANDO PUNTOS CHAKRA A LA CURACIÓN DE REIKI

Ahora que has tenido algunos conocimientos básicos sobre los puntos de Chakra, es hora de poner esa información en práctica. Como ejercicio, intenta cada uno primero de la forma en que están listados actualmente, y luego intenta agregar prácticas Meridianas ya aprendidas. Ve lo que es más eficaz para ti. Una vez que hayamos completado esto, seguiremos aprendiendo un poco sobre otra energía compatible llamada 'Kundalini', que puede ayudar a potenciar tus curaciones, y viene con la ventaja adicional de aumentar la conciencia. Todos estos son solo bloques de construcción que estamos apilando sobre la base de Reiki que ya has construido. Herramientas adicionales a tu caja de herramientas. Sigamos con las aplicaciones prácticas de la información Chakra que has aprendido y podemos partir desde ahí. **Meditaciones curativas de Chakra y Reiki** Aquí está tu lista de meditaciones. Sobre todo, asegúrate de practicar lo aprendido aquí para poder incorporar dicha información a tu caja de herramientas de curación. Esto será un poco diferente de lo que estás acostumbrado. Comencemos. **Meditación curativa de Chakra Rojo y Reiki**

Partes del cuerpo afectadas:

- Tu espalda baja
- Tus piernas
- Tus caderas
- Tu cóccix
- Tus órganos sexuales (si eres hombre)

1. *Busca un lugar cómodo para acostarte o sentarse. Quizá estés aquí por un tiempo, así que asegúrate de que sea un lugar cómodo, sin distracciones. Extrae energía de tu Pericardio cuando estés listo.*
2. *Coloque la mano, la palma abierta, los dedos extendidos justo sobre tu punto de Chakra Rojo (la base de la columna vertebral). Puede estar frente o detrás de ti, pero el frente es más fácil para tu comodidad.*
3. *Cierra los ojos y comienza tus ejercicios de*

respiración, como se discutió en nuestro capítulo de meditación Reiki.

4. *Una vez relajado, despeja tu mente y comienza a enfocarte en visualizar el Chi alrededor de tu cuerpo. Velo como una luz blanca que te rodea e impregna.*
5. *Comienza a enfocar esta energía en tu Chakra Rojo, la cual verás como una esfera roja brillante. Di su nombre Sánscrito, 'Muladhara'. Cuando digas el nombre, ve la energía que fluye en pulsos, como la electricidad chispeante. Con cada recitación, ve el Chakra brillando con un rojo cada vez más brillante.*
6. *Cuando la luz esté al máximo, mira el Chi con tu Chakra Rojo, ve cómo se integran en armonía. Contempla esto por un momento y estamos listos para continuar.*
7. *Comience a recitar 'Salud a mi _____' para cada parte del cuerpo asociada.*

Ejemplo:

'Salud a mi espalda baja' 'Salud a mis piernas'. 8. Con cada recitación, observa la energía Chi que fluye de ti hacia el Chakra, que a su vez se ilumina y envía energía a la parte del cuerpo en la que estás enfocado. 9. Cuando hayas completado todas las partes del cuerpo, disminuye

la respiración, y abre los ojos. Eso es. Tu primera meditación de Reiki y Chakra. Practica esto para familiarizarte mejor con la ubicación curativa asociada con el Chakra Rojo. Cuando te sientas cómodo, podemos continuar hacia el Chakra Naranja. **Meditación curativa del Chakra Naranja y Reiki**

Partes del cuerpo afectadas:

- Tu intestino grueso
- Tu colon
- Tu vejiga
- Tus órganos sexuales (si son mujeres) *Regrese a tu sitio cómodo, o busca uno nuevo.*

Ten en cuenta que la naturaleza también es buena para esto, siempre que tengas un lugar bonito donde no te molesten. Ten la libertad de hacerte un lugar dedicado o de mezclarlo un poco, lo que sea que te haga sentir más a gusto. Extrae energía de tu Pericardio cuando estés listo. Coloca la mano, la palma abierta y los dedos extendidos sobre el lugar justo debajo del ombligo. Esta es la ubicación de tu Chakra Naranja. Cierra los ojos y empieza a respirar, como lo hicimos en el ejercicio anterior. Una vez relajado, visualiza tu Chi brillando a tu alrededor. Enfoca esta energía en tu mano.

Ahora estaremos enfocando energía a tu Chakra Naranja, que verás como una esfera naranja brillante. Comienza las repeticiones de su nombre Sánscrito, 'Svadhishthana', y con cada repetición ve el Chi que fluye de tu mano hacia el Chakra Naranja, que responde con llamas de fuego anaranjado, hasta arder brillantemente. Ahora que tu Chi y tu Chakra Naranja están ardiendo y en armonía, tómate un momento de contemplación para ver si surgen ideas sobre cómo estas energías juegan juntas. Siempre es importante hacer una pausa en la contemplación, pues siempre hay cosas nuevas que aprender sobre las interacciones de estas energías. Comienza a recitar como antes, "Salud para mi _____" para cada parte del cuerpo asociada. Ve cómo la energía Chi se convierte en energía del Chakra Naranja, y dirige esa energía a cada parte del cuerpo. Visualízalas lo mejor que puedas. En meditaciones muy poderosas, a veces sentirás un hormigueo o calor. No te preocupes, esto es normal. Cuando hayas terminado con todas las partes del cuerpo asociadas, relaja tu respiración y abre los ojos. Recuerda, la práctica hace al maestro, y aprender las asociaciones de Chakra con la sanación es nuestro objetivo, así que memoriza, pero sobre todo, practica estas meditaciones. **Chakra Amarillo y meditación curativa Reiki**

Partes del cuerpo afectadas:

- Tu vesícula biliar
- Tu estomago
- Tus riñones
- Tu hígado
- Tu páncreas Encuentra tu lugar de meditación favorito y ponte cómodo.

Si lo deseas, agrega música a tus meditaciones, a veces es útil para meditaciones más profundas y completas. Solo nada que distraiga demasiado, queremos que el enfoque esté dentro, y no fuera. Coloca la mano, la palma abierta y los dedos extendidos sobre tu Chakra Amarillo, que está convenientemente ubicado en tu estómago. Cierra los ojos y comienza la respiración medida de tus meditaciones. Asegúrate de estar bien y relajado para obtener los mejores resultados, no queremos ninguna distracción que venga de una mente estresada y agitada. Deja que tu conciencia se extienda lentamente desde tu centro hasta que abarque unos pocos pies fuera del cuerpo. Ve tu Chi, luz blanca resplandeciente y misteriosa, en unión contigo, y a la vez con el universo entero. Adecuadamente humillados, y también empoderados, enviemos algo de esta energía al Chakra Amarillo. Velo como una esfera amarilla brillante, como una esfera perfecta de Citrino claro lleno de su propia luz interior. Comienza a repetir su nombre Sánscrito, 'Manipura'. En cada repetición, ve la luz blanca Chi que se vierte en la esfera que se está llenando de luz dorada, como si fuera agua. Una vez que esté lleno, mírala brillar como cristal. Tómate un momento para contemplar la belleza de esta interacción de energías. Medita en que el Chakra Amarillo es el Chi, y el Chi es el Chakra. Es un reflejo de la unidad con uno mismo, y la energía Chi del Universo que te rodea. Recita "Salud para mi _____" para cada parte del cuerpo asociada. Al recitar esto, ve la luz venir de tu Chakra Amarillo, como si estuviera enfocado por una lupa, como el "agua" de poder Chi con el que lo llenaste le ha permitido al Chakra un enfoque más elevado. Siente un calor curativo mientras tocas cada parte del cuerpo. Una vez que hayas completado esto, relaja tu respiración y abre los ojos. Ya terminaste. Trabajar, dormir, enjuagar y repetir. Descubrirás que aprendes estas meditaciones bastante rápido, solo asegúrate de tener un tiempo en tu agenda, o mejor aún, practica una vez al día antes de ir a trabajar.

Chakra Verde y meditación curativa Reiki

Partes del cuerpo afectadas:

- Tu corazón
- Tus senos
- Tus pulmones

- Tus brazos
- La parte superior de la espalda *Acurrúcate en tu santuario de meditación, cómodo y listo para este trabajo.*

Coloca la mano, la palma abierta y los dedos extendidos sobre tu Chakra Verde, que se encuentra en el área central del pecho. Cierra los ojos y relájate. Comienza tus ejercicios de respiración. Abre tu conciencia y ve el Chi fluir alrededor y dentro de ti. Disfruta por un momento de la energía de la vida de todas las cosas del Universo. Recolecta la energía que te rodea y concéntrate en tu mano mientras visualizas el orbe verde del Chakra dentro de ti. Di su nombre, 'Anahata', repitiéndolo como un canto a medida que tu Chi fluye hacia el Chakra que, a su vez, se llena orgánicamente como si las plantas de energía crecieran hacia arriba y se entrelazaran hasta unirse como un todo brillante. Observa tus contemplaciones propias como siempre. Así como te relacionas con el mundo con diferentes aspectos, cada Chakra se relaciona con tu Chi a su manera. Observa, aprende, y escucha el silencio hacia una o dos verdades. No hay prisa. Recita "Salud para mi _____" para cada parte del cuerpo asociada. En cada recitación, ve tu Chi potenciando el Chakra Verde que a su vez alcanza las vides de energía verde, envolviendo el foco de cada recitación en calor curativo, implicando crecimiento y regeneración. Una vez que hayas abordado cada una de las partes del cuerpo que hemos listado para el Chakra Verde, relaja tu respiración y vuelve a abrir los ojos. Tu Chakra Verde ahora está habilitado y la sanación está lista. Aprovecha y pasa tiempo con alguien querido, te sentirás mejor capacitado para sentir y comunicar. Haz un intento.

Chakra Azul y meditación curativa Reiki

Partes del cuerpo afectadas:

- Tu boca
- Tus orejas
- La tiroides
- Tu laringe
- Tu garganta
- Tu cuello *Encuentra tu rincón de meditación y siéntate cómodamente.*

Coloca la mano, la palma abierta y los dedos extendidos sobre tu punto de Chakra Azul. Este se encuentra en la base de la garganta. Cierra los ojos y comienza tus ejercicios de respiración. A medida que te relajes más y más, comienza a ver cómo fluye tu Chi a tu alrededor. Si no parece lo suficientemente brillante a tu alrededor, no dudes en alejarte del Universo para iluminarlo. Eres uno con el Universo, así que solo te estás prestando a ti mismo. Visualiza una esfera azul brillante debajo de tu mano. Di el nombre propio del Chakra Azul, 'Vishuddha', y comienza a repetirlo como un canto. Ve tu energía Chi rodear y llenar la esfera con luz azul, comenzando desde los bordes y circulando lentamente a medida que llena el centro vacío. Observa la interacción de las energías ahora que tanto tu Chi como tu Chakra Azul están enfocados. ¿Notas algo especial en cómo interactúan? Considerar llevar un registro de información para esos momentos de iluminación que deseas conservar. Recita "Salud para mi _____" para cada parte del cuerpo asociada. En cada repetición de 'Vishuddha', observa tu energía Chi potenciando la esfera azul y bañando la parte del cuerpo en donde te estás enfocando con luz de zafiro. Siente un hormigueo como de un viento frío en cada uno, como si cada uno se hubiera vuelto saludable y antiséptico. Una vez que hayas abordado cada parte del cuerpo, deja que tu respiración se relaje y abre los ojos. No olvides practicar esto a menudo. Puede que te encuentres especialmente creativo después de este ejercicio, escribe un poco, un poco de arte .... aprovecha.

Meditación curativa Indigo Chakra y Reiki

Partes del cuerpo afectadas:

- Tu glándula pineal
- Tus ganglios linfáticos
- Tu cerebro
- Tus senos nasales
- Tus ojos
- Tu sistema endocrino. *Conoces la rutina.*

Ponte cómodo y receptivo para un trabajo profundo. Ahora vamos a aprender una curación Reiki que incorpora el Chakra Índigo. Continuemos. Coloca la mano, la palma abierta y los dedos extendidos sobre tu Chakra Índigo, que se encuentra en tu frente, justo arriba y entre tus ojos. Cierra los ojos y comienza tus ejercicios de respiración. Asegúrate de estar bastante relajado antes de continuar. Visualice una esfera Índigo justo debajo de tu mano abriéndose ligeramente, como un ojo somnoliento mientras tu Chi llena tu visión, a tu alrededor y más brillante de a como lo has visto anteriormente. Tómate un momento para contemplar esto. El desarrollo del Chakra Índigo puede hacerte más sensible a las energías. Di el nombre de este Chakra, 'Ajna', y comienza a repetirlo en un canto. Vea la luz de tu Chi ardiente que fluye de tu mano hacia el ojo. Observa cómo el ojo Índigo volverse en un tono más profundo de índigo con cada infusión de Chi, abriéndose más hasta que sientas una conciencia más profunda inundarse dentro de ti. Definitivamente tómate un momento para contemplar esta vez. Mira las energías a tu alrededor y dentro de ti. En este momento, es probable que seas más perceptivo espiritualmente de lo que has sido antes, por lo que es mejor aprovecharlo. Recita "Salud para mi _____" para cada parte del cuerpo asociada. En cada recitación, observa la energía Chi fluir de tu mano y dirigiendo el ojo para mirar la parte del cuerpo donde deseas que se enfoque. Ve la mirada como un reflector índigo y cada parte del cuerpo se vuelve claramente más nítida en perspectiva y más saludable en cada mirada puesta sobre ellos. 9. Una vez que cada parte del cuerpo haya recibido energías curativas de tu Chi, que fortalece el Chakra Índigo, relaja tu respiración y abre tus ojos físicos. Este trabajo puede producir sueños extraños o intuiciones de vez en cuando. Desde los aspectos lógicos de este Chakra, también puedes volverte mejor organizado. No te preocupes, esto es normal, disfruta.

Violet Chakra y meditación curativa Reiki

Partes del cuerpo afectadas:

- Tus articulaciones
- Tu columna vertebral
- Tus vértebras cervicales

Preparémonos yendo a nuestra zona de meditación. Pon tu música de meditación favorita si quieres, y prepárate para hacer una curación de Reiki con el Chakra Violeta. Coloca tu mano, la palma abierta y los dedos extendidos sobre tu punto Violeta Chakra. Este se encuentra en la parte superior de tu cabeza. Cierra los ojos, comienza tus ejercicios de respiración y relájate. Haz conciencia de tu Chi a tu alrededor, rodeándote y fluyendo a través de tu cuerpo a través de los Meridianos y los Chakras. Ve el Chakra en la parte superior de tu cabeza, una esfera violeta que brilla intensamente. Dirígete a el por su nombre, 'Sahasrara' y comienza a repetir el nombre lentamente. Mientras repites el nombre, ve tu energía Chi fluir hacia la esfera Violeta, llenándola con una chisporroteante niebla de energía que se funde lentamente en un brillo púrpura. Disfruta tu momento de contemplación y reflexiona sobre cómo el Chi a tu alrededor y dentro de ti interactúa con el asiento de tu conciencia espiritual. Recita "Salud para mi _____" para cada parte del cuerpo asociada. En cada recitación, ve la esfera Violeta cada vez más brillante, con los contornos de un rostro que a veces aparece desde adentro. Tu rostro. Ve la esfera, dirigida por Chi y tu espíritu, dirigiendo la energía violeta a cada parte del cuerpo a donde deseas enviar rejuvenecimiento y sanidad. Una vez que hayas terminado con cada parte del cuerpo para este Chakra, relájate y abre los ojos. Ya terminaste. Esto completa nuestras curaciones de ejemplo para que practiques un poco más el uso de Reiki en conjunto con tus puntos Chakra. Como hemos mencionado, practica, practica, practica. Te sorprenderás de los beneficios que puedes obtener ante esta comprensión de las energías del cuerpo, así que continúa con tus estudios y absorbe dicha sabiduría. Estarás feliz de haberlo hecho.

REIKI Y KUNDALINI: ¿SON COMPATIBLES?

Alrededor de los años 500 a 1500 a.C., un texto hindú llamado Upanishads menciona un camino de iluminación espiritual conocido como Kundalini. La raíz de su nombre Sánscrito, 'kundalin', se traduce como 'circular', que refleja la visualización de la energía. La energía Kundalini es energía espiritual que reside en la base de tu columna vertebral en el Chakra Rojo, envuelta alrededor de la columna vertebral como una serpiente. Como tal, a menudo se lo conoce como 'El poder de la Serpiente'. ¿Suena familiar? En la leyenda griega, había una vara sanadora conocida como la Vara de Asclepio. Sin embargo, el Caduceo, de diseño similar pero con dos serpientes, es con el que probablemente estés más familiarizado, debido a su eminencia como símbolo de curación adoptado por las organizaciones de salud en América del Norte. *Es interesante que tales símbolos de poder sean transculturales.* Se dice que el poder de la Serpiente se eleva desde el Chakra Rojo y se extiende hasta el Chakra Púrpura cuando se ha logrado un despertar espiritual (y este es un buen momento para recordarte que Mikao Usui tuvo un despertar espiritual), pensarías que esta energía tiene muy poco que ver con Reiki, que es principalmente un sistema de curación. En realidad, hay bastantes áreas donde la práctica del Kundalini no solo puede ser relevante, sino que puede fortalecer los esfuerzos de sanación particulares, y brindan otra herramienta útil en la caja de herramientas de los aspirantes a ser sanadores Reiki. Por el bien de los argumentos, aquí hay algunos puntos en los que Reiki y Kundalini coinciden: Reiki implica poner las manos sobre ciertos puntos para equilibrar el Chi. Las Chakras, un sistema que discutimos antes es similar, donde la salud depende de la distribución de 'Prana', o energía vital. El Kundalini incorpora Chakras fuertemente en su sistema.

- Reiki requiere que desbloquees los

meridianos para que Chi pueda fluir. Para el despertar espiritual, Kundalini requiere que Sushumna, el canal central, así como varios Chakras se desbloqueen antes de que pueda aumentar.

- Ambos enseñan principios de dejar ir el odio, la compasión y la gratitud.
- Ambas disciplinas poseen métodos poderosos para curar el cuerpo y la mente.

Estos son solo algunos, por supuesto. Lo que más nos importa es el aspecto sanador. Los médicos no rechazan el equipo nuevo solo porque no están familiarizados con él, si pueden mejorar la capacidad de sanar. En el próximo capítulo vamos a presentar algunos ejercicios que puedes probar para determinar si el Kundalini tiene un lugar en tu propio estilo de Reiki o no. Debes estar advertido. Como el Kundalini también está orientado al despertar espiritual, si comienzas a tener dolores de cabeza o sueños extraños, no te preocupe, estas son solo algunos indicios que podrías estar en un despertar espiritual. Si esto ocurre, pase un poco más de tiempo con tus ejercicios de Chakra, e incluso haz un poco de investigación sobre el Kundalini para ayudarte a progresar. Después de todo, aunque la sanación es nuestro objetivo principal, un poco de iluminación nunca está de más. Sigamos con el próximo capítulo, e iniciemos nuestros ejercicios.

USO DE REIKI EN CONJUNTO CON EL KUNDALINI

Ahora que te hemos dado una pequeña base sobre los conceptos y la historia del Kundalini, es hora de incorporar algo de entrenamiento con un medio Kundalini popular. Mantras. Las mantras son palabras sagradas que se usan para varias razones ... protección, iluminación, o en este caso, sanación. Hemos reunido una colección de Mantras que puedes incorporar a tu marco de Reiki. Algunos de ellos requerirán un poco de práctica, pero estamos seguros de que estarás satisfecho con los resultados. ¿Y cuál es el siguiente paso? Encuentra una Mantra, elige cualquiera que te atraiga personalmente, o simplemente revisa la lista. Si has estado llevando un registro de progreso y contemplación, asegúrate de anotarlo conforme avanzas. Puedes estar más cerca de una experiencia profunda en este momento de lo que crees, así que si lo tienes, ten a la mano el registro. Extrae un poco de energía Chi en exceso de tu Pericardio y comencemos. **Ejercicios de integración Reiki y Mantra**

1. Mantra: **'Chattar Chakkar Varti'**

Este es un Mantra que puedes usar en conjunto con el Reiki para la ansiedad. Toca tu mano, y siente en la piel la energía curativa de Reiki que fluye dentro de ti mientras recitas este Mantra (o dilo en silencio si estás en un lugar público). Ve la energía curativa que permite que tu Chi crezca más brillante, a medida que la luz se ramifica desde el Chi, hacia el cuerpo, hasta el Chakra del Plexo Solar. De esta manera, has empleado aspectos de los Puntos Chakra y Kundalini para complementar las poderosas energías curativas de Reiki. Tu miedo pronto será desterrado.

2. Mantra: **'Sa Re Sa Sa'**

Este Mantra se puede usar para eliminar la negatividad al mismo tiempo que estimulas tu creatividad. Necesitarás un cuaderno y un bolígrafo (no es realmente indispensable, pero es útil para este ejercicio). Este Mantra se asocia con tu Chakra de la Garganta, así que para esta sanación de Reiki, toca tu garganta mientras recitas cada palabra del canto, y ve la luz blanca de tu Chi brillando en cada toque de tu dedo, y tu Chakra de la Garganta brillando en su propio destello azul. Cuando la luz de tu Chi y tu Chakra de la Garganta no se iluminen más, deja de dar golpecitos, y escribe lo primero que se te ocurra. Esta será tu inspiración para una gran obra de arte o escrito, así que asegúrate de guardar el cuaderno en un lugar seguro donde puedas consultar dichos resultados según sea necesario.

3. Mantra: **'Ra Ma Da Sa Sa Say Sohung'**

Este Mantra fortalece el cuerpo y la mente, estimulándolos desde adentro a medida que la luz blanca de tu Chi se ilumina y se expande en armonía con este trabajo. Se usa mejor por la mañana (pero puedes hacerlo cuando lo desees), para usarlo, primero coloca la mano, los dedos extendidos y toca tu frente. Concéntrate en repetir el Mantra, y en cada repetición, ve la luz que se extiende desde tu frente y hacia abajo, a medida que ilumina todo tu Chi. A medida que la luz baja por tu cuerpo, visualiza una espiral de energía, tu Kundalini, en la base de la columna vertebral que se desenrolla lentamente a medida que se eleva hacia el Chakra de la Corona, en la parte superior de la cabeza. Repite hasta que tu Chi deje de brillar, y luego continúa tu día con confianza, con tus factores de sanación estimulados.

4. Mantra: **'Hum Dum Har Har'**

Este es un Mantra muy poderoso que puede enfocar la curación de varias maneras. Se traduce aproximadamente en 'Somos todo, el universo y el Infinito Creativo'. Fomenta la tranquilidad hacia un descanso profundo y sanador, así como estimula los puntos de la Corona, el Tercer Ojo, y el Chakra Sacro. Esto permite una curación más centrada. Las áreas de curación asociadas con estos Chakras son las siguientes: *Chakra de la Corona*

Dolores de cabeza por migraña, trastorno bipolar, problemas de tiroides, falta de inspiración. *Chakra del Tercer Ojo*

Dolor ocular, insomnio, dolores de cabeza crónicos, pérdida de interés en el futuro. *Chakra Sacro*

Vejiga, dolor de espalda, quistes ováricos, problemas renales, falta de deseo sexual. Como puedes ver, hay una serie de problemas que pueden abordarse. Para esta curación, mantén la mano abierta, los dedos extendidos, y muévela lentamente desde el Chakra de la Corona, hasta el Tercer Ojo, y luego hacia el

Chakra Sacro mientras recitas el Mantra. Visualiza la luz que se extiende desde tu mano, y tu energía Chi se vuelve más brillante a medida que cada uno de los tres Chakras se ilumina en su color particular. Violeta para el Chakra de la Corona, Índigo para tu Chakra del Tercer Ojo, y Naranja para tu Chakra Sacro. A medida que tu Chi arda, mueve tu mano al área específica del Chakra que gustaría sanar. Observa que la luz también brilla, tu Chi es un círculo de luz blanca brillante con la luz del Chakra en el centro, trabajando en armonía. Cuando te sientas concentrado y centrado en estas energías (y lo sabrás), visualiza el área específica del cuerpo que estás trabajando en sanar. Ve las energías de tu Chi y Chakra golpear el área como un rayo cálido y curativo. Una vez que puedas visualizar esto y sentir que hace calor, disfrútalo hasta sentirte listo, luego relaja tu respiración y abre los ojos.

5. Mantra: **'Wahe Guru'**

La traducción más próxima es "El éxtasis de la sabiduría divina que no puede describirse", este Mantra puede usarse para levantar el espíritu, fortalecer el Chi, y aumentar la velocidad a la que aprendes a manipular las energías. Es un Mantra de autotransformación, y como tal, puede ser de los Mantras más sanadores de todos. Para usarlo, coloca tu mano sobre tu cara y observa cómo tu energía Chi se forma brillante a tu alrededor, formando una flecha apuntando hacia el norte que se vuelve más nítida en cada repetición del Mantra. Siente cómo tu mente se agudiza y se enfoca, y piensa en tu objetivo, tus energías estarán más alineadas para lograrlo.

6. Mantra: **'Ek ong kar sat nam siri wha hay guru'**

Este mantra se conoce como el 'Adi Shakti'. Se traduce aproximadamente como "En el éxtasis y la dicha de la Sabiduría, el Creador y la Creación son uno". Se asocia con el Chakra del Plexo Solar y, como tal, usarlo con Reiki puede ayudar a enfocar una curación energética en las áreas asociadas, como la vesícula biliar, el estómago, el hígado y el páncreas. Para usar este Mantra en una sanación Reiki, mantén tu mano, palma abierta y dedos extendidos, sobre tu Chakra del Plexo Solar. Comienza a recitar el Mantra mientras visualizas una luz blanca ondulante en tu Chi, con el Punto Chakra brillando en un tono amarillo más y más brillante en una esfera sólida. Visualiza también el área que deseas sanar (busca en Google la imagen de una versión saludable del órgano al que deseas enviar energía curativa como auxiliar en tus visiones). Mueve tu mano desde el Chakra del Plexo Solar hacia el área afectada, y observa una síntesis de la energía Chi Blanca y el Chakra Amarillo moviéndose hacia el área. Siente un calor creciente en el área, que no es desagradable, solo relajante, y sigue con la visión y el canto por unos minutos hasta sentir que la energía curativa está en su lugar. Abre los ojos y listo.

7. Mantra: 'Har Har Har Har Gobinday'

Este es un Mantra curativo para la Mente, específicamente para los resultados negativos que pudieran ocurrir ante la contemplación excesiva de un pasado tormentoso. Si bien es bueno aprender del pasado, vivir allí puede hacer que tropieces y vaciles en tu camino hacia un futuro más brillante. Usa este Mantra según sea necesario para ayudar a disipar la negatividad, para que ya no te impida avanzar. Se asocia con el Chakra Sacro que, entre otras cosas, afecta la forma en que interpretamos las diversas experiencias de la vida, ya sean afirmativas en la vida, como el nacimiento de un niño, o heridas profundas, como la muerte de alguien querido. Para usar esto en una curación de Reiki, manten la mano, la palma abierta y los dedos extendidos, sobre el Chakra Sacro. Esto está justo debajo del ombligo. Visualiza tu energía Chi brillando a tu alrededor como una luz blanca brillante, y tu Chakra Sacro respondiendo ante su luz naranja profunda. Mientras recitas el Mantra, observa un reloj de arena dentro de la luz del Chakra, lleno de arena en el fondo. Deja que la luz blanca de tu energía Chi se extienda hacia adentro para forzarla, de modo que puedan entrar nuevos pasados a las arenas de los viejos. Siente cómo la vieja opresión te está soltando. Abre los ojos, confiado en que el Pasado ya no lo es todo, sino los pasos que tomamos para llegar a los que ahora damos.

8. Mantra: **'Har'**

Traducido como 'El infinito creativo', este Mantra puede utilizarse en la curación Reiki como un medio para reparar la inspiración dañada. ¿Estás pasando por un bloqueo del escritor, o teniendo problemas con un concepto de arte que estás desarrollando? Este mantra puede ayudar. Una de las funciones del Chakra de la Garganta, con la que se asocia este Mantra, es la expresión de la Creatividad. Para romper la presa y dejar que el río fluya, sigue los siguientes pasos. Primero, mantén tus dedos cerca de la garganta. Ve cómo se enciende tu energía Chi al iniciar el canto. La luz blanca te rodea y la dejarás fluir como el agua, bajando desde el Chakra de la

Corona en la parte superior de tu cabeza, pasando el Chakra del Tercer Ojo, ubicado arriba y entre las cejas, y finalmente hasta el Chakra de la Garganta que brillará de un tono azul intenso. Imagina que hay un impedimento, una pequeña pared que impide que el Chi fluya hacia el Chakra de la Raíz. Ahora visualiza la energía abriendo paso violentamente, rompiendo el bloqueo y viajando hacia abajo a través de tus Chakras inferiores. Con el bloqueo destruido, ve el poder de Chi viajar hacia abajo, como en un circuito eléctrico completo, hasta llegar al Chakra de la Raíz. Ahora viaja de regreso, encendiendo cada uno de los 7 Chakras en sus colores. Rojo, naranja, amarillo, verde, azul, índigo y violeta. A medida que la energía Chi viaja hacia arriba, también se mueve fuera del cuerpo al mismo tiempo, creando un nimbo de luz con 7 gemas Chakra en el centro. Disfruta del brillo y abre los ojos, es hora de expresar tu creatividad.

9. Mantra: **'Gobinde, Mukunde, Udare, Apare, Haring, Karing, Nirname, Akame'**

Este mantra se traduce como 'Sustentador, Libertador, Iluminador, Infinito, Destructor, Creador, Sin nombre, Sin deseo'. Atado al Chakra del Corazón, este Mantra puede ayudar al cerebro a funcionar disminuyendo las desarmonías. Esto se puede utilizar para evitar la ansiedad social, la paranoia, las falsas sospechas de parte tuya, o la incapacidad de interpretar las respuestas emocionales debido a la falta de armonía en el corazón y la mente. También se puede usar en conjunto con tu régimen médico actual ante irregularidades en los latidos del corazón, como la taquicardia. Para usar este Mantra con el Reiki, sostén tu mano justo sobre el Chakra del Corazón (tu cofre central) y visualiza una luz verde que crece orgánicamente para llenar la esfera de energía de tu Chakra del Corazón. Comienza tu canto del Mantra. Velo como si la luz estuviera pulsando, en sintonía con los latidos de tu corazón y las palabras individuales del Mantra. Luego, visualiza también tu energía Chi pulsando, sincronizada con tu Chakra del Corazón. Si hay un área particular en la que deseas fomentar la curación, visualízala a medida que ocurra cada destello. Vea cómo el destello va más rápido, fuera de sincronía con tu corazón, hasta que ambas luces del Chi y el Chakra del Corazón ahora sean una luz sólida, y la imagen del área que deseas sanar sea sólida, en el centro de ambas. Cuando te sientas empapado del calor curativo, puedes abrir los ojos, tus energías ahora están alineadas hacia esta curación.

10. Mantra: "**Om**"

'Om' es el sonido que los hindúes creen que fue el primer sonido escuchado en la creación del Universo. Este Mantra se puede usar para curar bloqueos del Chakra de la Garganta, y por ende, las áreas asociadas con dicho Chakra (cuello, boca, orejas, tiroides y laringe). Para usar este Mantra con Reiki, mantén tu mano cerca de la garganta, ahuecada, justo debajo de la barbilla. Mientras cantas el Mantra, observa cómo reverbera. Mírate rodeado de tu Chi y retira la visión para ver la misma energía que te rodea en todo. Observa cómo se enciende el Chakra de la Garganta mientras tu Chi se ilumina en sintonía con él. Continúa cantando y visualiza el bloqueo que se está rompiendo, o la parte del cuerpo que deseas sanar brillando en una combinación de ambas luces. Continúa sacando tu vista mientras cantas. Siente el Infinito a tu alrededor antes de "regresar" a tu cuerpo. Abre los ojos, la labor se ha realizado y puede repetirse según sea necesario.

11. Mantra: '**Prana, Apana, Sushumna, Hari. Hari Har, Hari Har, Hari Har, Hari** '

'Prana' es la palabra hindú para 'Energía vital', mientras que 'Sushumna' es el 'Canal central' a través del cual fluyen tus energías. Al igual que los Madianitas, en realidad, esa es una de las razones por las que estos sistemas funcionan bien juntos. Este poderoso Mantra puede usarse para acelerar la curación. Para usarlo en una sesión de Reiki, coloca tu mano justo en frente del centro de tu pecho, sin tocar pero casi tocando tu piel. Comienza a recitar el Mantra mientras visualizas tu energía Chi subiendo lentamente desde la base de tu columna vertebral hasta el área afectada. Vea el área brillar con luz Chi propia en armonía con el Chi que rodea tu cuerpo, así como el Chi en el Universo que lo rodea. Continúa el canto y el lento envío de energía hacia arriba hasta que sientas el cálido hormigueo que te permite saber que la energía va a donde debe ir. Ahora ya terminaste. Intenta esto varias veces a la semana para acelerar la sanación natural de tu cuerpo.

12. Mantra: **'Ong Sohung'**

La traducción más próxima es 'Yo soy la conciencia creativa'. Esta Mantra puede usarse junto con Reiki para la curación de áreas asociadas con el Chakra del Corazón (corazón, pecho, pulmones y parte superior de la espalda). Para su uso, sostén tu mano, palma abierta y dedos extendidos sobre tu Chakra del Corazón. Recita el Mantra en sintonía con el latido de tu corazón, una palabra por latido, mientras visualizas la energía Chi fluir a través de tu mano, y llenando tu Chakra del Corazón con energía, creando una gema verde brillante en el punto del Chakra. Ve la energía fluir desde ahí hacia el área afectada, infundiéndole luz y calor. Haz esto hasta que pareciera que ya no puedes contener energía, y luego relaja tu respiración y abre los ojos.

13. Mantra: "**Akal, Maha Kal**"

Con una traducción sombría de 'Inmortal, Gran muerte', esta Mantra puede usarse con la sanación Reiki para eliminar la ansiedad y el miedo. Mientras relajamos la mente de la ansiedad, coloca la mano, la palma abierta con los dedos extendidos sobre tu Chakra del Plexo Solar. Cuando digas la primera palabra sagrada, 'Akal', ve la luz blanca del Chi que fluye hacia tu Chakra del Plexo Solar, y al mencionar la segunda parte, 'Maha Kal' verás que el Chakra responde encendiéndose con fuego naranja. Siente el fuego ahuyentando tu ansiedad. Siente cómo quema el miedo. Repite el Mantra y sigue alimentando la energía Chi para potenciarlo, hasta que el fuego de la energía Chi y Chakra haya devorado todo o lo suficiente del miedo y puedas enfrentar las cosas con una mente tranquila.

14. Mantra: **'Ad Guray Nameh, Jugad Guray**

Nameh, Sat Guray Nameh, Siri Guru Devay Nameh'

La traducción más próxima, "Me inclino ante el maestro principal que nos lleva a las inspiraciones divinas, me inclino ante las sabidurías más antiguas, me inclino ante la sabiduría verdadera y oculta". Este poderoso Mantra puede usarse como medida preventiva ante personalidades tóxicas, o en defensa contra la ansiedad crónica. Para usar esto en una curación de Reiki (aunque en este caso, 'curación preventiva'), sostén la palma abierta, con los dedos extendidos sobre cada punto Chakra, desde la Raíz hasta la Corona. Visualiza tu Chi arder a tu alrededor, una esfera de luz blanca protectora, y comienza a recitar. Visualiza las energías de Chakra que se extienden a ambos lados a medida que potencia cada una, formando una red cristalina de todos sus colores asociados dentro del círculo. Puede tomar más de un canto de Mantra para potenciar cada Chakra, pero está bien, solo hazlo lentamente y recita tantas veces como sea necesario para crear la esfera protectora. Una vez que puedas verlo en todo su esplendor, abre los ojos y prosigue en tu día con confianza.

15. Mantra: 'Sat Narayan, Wha He Guru, Hari Narayan, Sat Nam'

Si bien no hay una traducción completa disponible, Hari Narayan es esencialmente "sustento de la creatividad", ya que "Narayan" representa la fluidez de la forma que posee el agua. Este Kundalini Mantra puede usarse en una curación de Reiki para fomentar la claridad de pensamiento, o para fomentar la curación. Para invocar esto, coloca la palma abierta en cada lado de la cabeza, tocando ligeramente la piel con los dedos. Comienza a recitar el Mantra y observa cómo tu energía Chi entra a tu cuerpo a través de tu cabeza, y fluye hacia la columna vertebral. Al llegar a la columna vertebral, vea cómo tu energía Kundalini se desenrolla desde la base de la columna vertebral como una serpiente, y se extiende lentamente hasta tu Chakra de la Corona. Cuando la energía se extienda por completo, deja que tanto tu Chi como tu poder de Serpentino se vuelvan más y más brillantes, hasta que su brillo sea difícil de ver. Permanece tranquilo y seguro en este resplandor, equilibrado y en armonía contigo mismo y con el Universo. Este Mantra también es muy bueno cuando acabas de sufrir una experiencia impactante o traumática, y deseas equilibrarte al equilibrar tus energías. Asegúrate de practicar tus Mantras. Pega recordatorios en el refrigerador o en post-its por toda la casa, o en tu escritorio. Hay varias maneras para ayudar a recordarte, el método número uno será practicar, practicar, practicar. Esperamos que hayas disfrutado de esta nueva adición a tu caja de herramientas. Hay más Mantras por descubrir para ti, en caso de que este capítulo haya despertado tu interés. Si bien los Mantras pueden servir para una amplia variedad de propósitos, queríamos brindarte los que mejor se adaptan a nuestro marco curativo. Después de todo, esto es 'Reiki para Principiantes. A continuación, añadiremos algunas herramientas más a tu conjunto de herramientas en un capítulo titulado 'Ejercicios misceláneos de Reiki'.

REIKI - CURACIÓN COMPLETA DE LOS 12 MERIDIANOS

Aquí hay una lista de ejercicios que pueden ayudarte a aprender los Meridianos. Tomamos 12 ejercicios y los convertimos en un ejercicio grande, para que puedas aprender y practicar los 12 meridianos para la curación de Reiki. Para obtener los mejores resultados, grábate a ti mismo hablando para que puedas reproducirlo con música y darte una meditación totalmente guiada, algo que puedas practicar para garantizar la memorización de los puntos medios adecuados. Una vez que hayas aprendido esto, el combinarlos con la curación Reiki tradicional significa que puedes hacer una curación que pareciera simple y elegante, pero que contiene suficiente visualización y comprensión del cuerpo humano en el fondo para que resulte eficaz. No esperes aprender esto de la noche a la mañana, tomará algo de tiempo y paciencia, pero estamos seguros de que estarás satisfecho con los resultados. Continuemos ahora con la sanación completa de Reiki, para que puedas aprender tus Meridianos, y partir desde allí.

Meridianos de Reiki Yin y Yang - Sanación completa

Esta es una curación completa de Reiki que puedes hacer como práctica, o como una forma de 'mantenimiento preventivo' para asegurar que todos tus Meridianos estén equilibrados. Grábate ti mismo leyéndola si quieres, y toca un poco de música mientras tu propia voz te guía a través de la curación, si quieres. Es una excelente manera de aprender mientras se fomenta la buena salud del cuerpo. *Nota: en esta curación abarcaremos todos tus Meridianos Comienza tus ejercicios de respiración. Concéntrate al contar tus respiros hasta relajarte profunda y cómodamente. Coloca tu mano, con la palma de la mano abierta y los dedos ligeramente extendidos, y coloca la mano justo sobre tu corazón para que puedas acceder al pericardio. Atrae el enfoque de tu Chi. Velo brillar a tu alrededor, una luz blanca que te rodea y llena de alegría y calidez. Esta misma energía está en todos y en todo. Eres tú y es el Universo. Tómate un momento para disfrutar de su calor y luego continuaremos cuando estés listo.*

Ahora que está listo, extrae el exceso de energía Chi de tu Pericardio. Velo como una luz blanca, casi demasiado brillante como para mirar, fluyendo hacia tu mano, tomando la forma de una esfera. El primero de los emparejamientos de Yin y Yang que sanaremos son el Bazo y el Estómago. El Bazo es el Yin de esta pareja, el Estómago es el Yang.

Yin y Yang 1 –Los Meridianos del Bazo y el Estómago *Baja tu mano * hacia tu pie, colocándolo justo sobre el borde exterior del dedo gordo. Este es el comienzo de tu Meridiano del Bazo. Desde aquí, mueve tu palma hacia arriba por el interior de tus piernas, viendo cómo la bola de luz se hace cada vez más pequeña a medida que la línea del Meridiano se ilumina y energiza. Observa el meridiano brillando a medida que la esfera Chi pasa a través de él. Mueve la luz hacia arriba por la pierna y hasta el muslo, yendo más arriba hasta el abdomen. La bola de luz debe reducirse a al menos tres cuartos, el Meridian brillando intensamente donde ya lo tocaste con la luz. Lleva la luz hacia el exterior del pezón, y hasta la segunda costilla. El orbe de luz es más pequeño ahora, la mayor parte del meridiano brilla intensamente. Ahora,* *lleva la luz a la terminal del Meridiano, el sexto espacio entre tus costillas. Tómate un momento para contemplar todo el Meridiano de Bazo iluminado, y cuando estés listo, continuaremos. * Nota: Si ya estás familiarizado con todos los meridianos, no necesitas trazar la palma sobre el camino que toman las líneas, sino que puedes mantener tu mano en el Pericardio para extraer el exceso de Chi y visualizar la bola de energía viajando sobre las líneas Meridianas. Mueva tu mano hacia el Pericardio y extrae más exceso de Chi a tu mano. No te preocupes por quedarte sin ella ...el Chi está a tu alrededor, dentro de ti, y penetra en el universo y en todos los seres vivos. Cuando hayas reunido la energía en una bola blanca brillante, continuemos y sanaremos el meridiano del estómago. Mueve la mano y tu luz curativa de Chi hacia tu cara, moviéndola justo debajo del centro del ojo. Aquí es donde inicia el Meridiano de tu estómago. Mueve tu mano hacia el borde de la mandíbula, viendo la línea Meridiana brillando a medida que pasa la luz a través de ella. Mueve la palma abierta lentamente por la garganta, casi tocándola, pero no del todo, a medida que la esfera brillante alimenta al Meridiano, y se vuelve más pequeña lentamente, continuando hacia el abdomen, y más abajo a través de la parte delantera de tu pierna.*

Mueva la bola de luz, ahora solo una fracción de su tamaño anterior, hasta el pie donde la última luz se absorbe en el extremo del Meridiano, la uña del segundo dedo del pie. Tómate un momento para ver el Meridiano en su totalidad, brillando intensamente por el exceso de Chi que has empujado allí para desequilibrarlo y eliminar el bloqueo. Una vez que hayas contemplado el Meridiano del Estómago, podemos pasar al siguiente emparejamiento.

Mueve la mano, la palma abierta y los dedos ligeramente extendidos para que quede sobre tu pericardio. Reúne energía como antes de tu exceso de Chi, dispuesta en la forma de una bola de luz flotando debajo de tu palma. Ahora "rastrearemos" y sanaremos los próximos dos meridianos.

Yin y Yang 2 – Los Meridianos de los Pulmones y el Intestino Grueso *Ahora vamos a sanar el Yin de esta pareja, los Pulmones. Mueve tu mano cerca del hombro al primer espacio entre tus costillas. Esto se llama espacio intercostal, y es el punto de partida del meridiano pulmonar. Observa la línea meridiana brillando a medida que pasa el orbe sobre ella.*

Muévelo hacia el hombro, y hacia abajo por la parte delantera de tu brazo, la energía se transfiere lentamente desde la esfera de luz en tu palma a medida que el Meridiano se energiza, disminuyendo a nada mientras lo llevas al extremo de dicho Meridiano, la uña del pulgar Tómate un momento para admirar el meridiano del pulmón, brillando intensamente ante tus sentidos intensificados. Cuando estés listo, continuemos.

Mueve la mano hacia el Pericardio, y extrae más exceso de Chi a tu mano.

El Yang del emparejamiento es el meridiano del intestino grueso. Mueve tu palma abierta hacia tu mano opuesta al inicio de dicho Meridiano, la uña de tu dedo índice. Observa la línea que brilla mientras diriges la energía Chi en tu mano hacia ella, y lleva la luz por tu brazo, hasta la parte posterior del hombro, la bola de luz se vuelve más pequeña a medida que tu energía se gasta en equilibrar y desbloquear este Meridiano.

Desde la parte posterior de tu hombro, lleva tu mano hacia la cara, hasta el extremo de este Meridiano, tus fosas nasales. Tómate un momento para observar el rastro brillante que el Meridiano del intestino grueso recorre tu cuerpo, y memorízalo. Cuando estés listo para continuar, podemos avanzar al siguiente paso.

Mueve tu mano hacia tu Pericardio, y extrae más exceso de Chi en tu mano.

Yin y Yang 3 – Los Meridianos del Hígado y la Vesícula Biliar *El Yin de nuestro próximo emparejamiento es el Hígado. Mueve tu palma abierta hacia abajo* *hasta el pie, y hasta el dedo gordo. El meridiano comienza justo debajo de la uña. Observa cómo se ilumina con chisporroteante energía Chi blanca mientras llevas el orbe a su comienzo. Mueve el orbe en tu mano lentamente hacia arriba por el interior de la pierna, dirigiéndote al muslo.*

Observe cómo la energía disminuye, el orbe se reduce lentamente a medida que avanzas, el Meridian se vuelve más brilloso a medida que pasas. Desde el muslo, lleva la luz desde el exterior de tu abdomen hasta su terminal, el esternón. Admira el camino recién iluminado del Meridiano del Hígado por un momento para memorizarlo, y cuando estés listo, continuemos.

Mueve la mano hacia tu Pericardio, y atrae más exceso de luz Chi a tu mano.

El Yang de este emparejamiento es la vesícula biliar. Sanemos dicho Meridiano. Mueve la mano a tu rostro, hacia el punto de partida de dicho Meridiano, la esquina externa de tu ojo. Visualiza el inicio de la línea Meridiana encenderse hacia arriba mientras recibe la energía que estás depositando en ella y hará que el orbe Chi se vaya dentro de tu cabeza y hacia abajo, donde tu mano la recibirá en la parte delantera de tu hombro.

Desde aquí, pásalo a tu abdomen, observando cómo el orbe disminuye lentamente a medida que el Meridiano se vuelve más brillante donde ha sido tocado. Sigue moviendo tu mano hacia abajo, pero suelta el orbe para que entre dentro del abdomen, cuando baje más el Meridian en la parte inferior de tu abdomen. Lleva el orbe por el lado externo de la pierna hasta el pie y la terminal del meridiano: la uña o el cuarto dedo del pie. Tómate un momento de contemplación para memorizarlo, y luego seguiremos adelante hacia el próximo emparejamiento.

Mueve tu mano una vez más a tu Pericardio y recoge más energía Chi.

Yin y Yang 4 – Los Meridianos de los Riñones y la Vejiga *El Yin de este emparejamiento es el Meridiano de los Riñones. Mueve tu mano hacia la planta del pie donde inicia este Meridiano. Observa cómo el Meridiano cobra vida a medida que liberas parte de la energía Chi en él. Mueve el orbe Chi hacia arriba por el interior de tu pierna, observando que lentamente se hace más pequeño, y el Meridiano se ilumina.*

Desde el interior de tu pierna, mueve la luz hacia tu abdomen, y aun más hacia arriba, hasta el final de este meridiano: la clavícula. Tómate un momento para observar el meridiano iluminado y empoderado, y memoriza dicho trayecto, y después continuamos.

Recoge más energía Chi de tu Pericardio.

El Yang de esta pareja es tu Vejiga. Mueve tu esfera de Chi hacia tu rostro, hasta el inicio de este Meridiano: la esquina interna de tu ojo. Mueve la luz sobre la parte superior de tu cabeza, y baja a la espalda (si no es flexible, puedes visualizar el orbe moviéndose por tu espalda). Velo disminuir a medida que gasta energía lentamente, haciendo que el Meridiano crepite con energía a medida que lo mueves aún más, hacia la pierna. Riñones (Yin) y Vejiga (Yang) Vejiga: este meridiano comienza en la esquina interna de tu ojo, donde luego pasa por la parte superior de tu cabeza, bajando por la espalda y la pierna hasta terminar en la uña del dedo meñique (dedo más pequeño), absorbiendo el orbe por fin, y dejando un rastro brillante que es tu Meridiano de la Vejiga. Tómate un momento para apreciar esta línea de poder que tanto apreciaban los Antiguos. Comprométete a recordar lo que puedas, y continuemos con el próximo emparejamiento después de cargarlo. 20. Reúne una bola de energía curativa de tu Pericardio.

Yin y Yang 5 - El corazón y el intestino delgado *21. El Yin de este emparejamiento es el Meridiano del Corazón. Comienza en la axila, así que mueve tu mano allí, y enciende el Meridiano con la energía Chi que has reunido en tu mano. Míralo brillar en respuesta y lleva la luz más lejos a lo largo del Meridiano, bajando por tu brazo interno y hacia tu mano, mientras la bola se reduce y* *alimenta rápidamente esta línea brillante, hasta que finalmente se gasta en la terminal: tu dedo más pequeño. Tómate un momento para admirar y memorizar este meridiano sencillo pero a la vez importante. 21. Mueve tu mano sobre el Pericardio, con la palma abierta y los dedos extendidos ligeramente a medida que recolectas más exceso de Chi para el siguiente paso. 22. El Yang de este emparejamiento es tu Meridiano del Intestino Delgado. Para comenzar, mueve tu mano energizada a la mano opuesta, colocándola sobre el inicio de dicho Meridiano:tu dedo más pequeño. Observa el meridiano brillar mientras lo activas como un circuito con tu energía Chi. Mueve tu mano hacia el Meridiano, llevándolo a lo largo de la parte posterior del brazo, viendo cómo la energía disminuye lentamente mientras la llevas a tu hombro. Observa el orbe, que se hace más pequeño a medida que el Meridiano se vuelve más brillante mientras lo bajas por el hombro, luego hasta el cuello, finalmente moviéndolo a su terminal: tu oreja, donde se traga la última energía. Tómate un momento para memorizar el camino de este Meridiano, y luego estaremos listos para seguir con el último emparejamiento. 23. Mueve tu mano hacia el Pericardio, con la palma abierta y sostenida apenas por encima del punto. Extra del exceso de energía Chi, y conviértelo en una bola de luz blanca curativa.*

Yin y Yang 6 - El Pericardio y el Triple Calentador

24. El Pericardio es el Yin de este emparejamiento. Mueve tu mano hacia el exterior del pezón para tocar la luz Chi en esta ubicación, ya que es el inicio de este meridiano. Ve el meridiano respondiendo a la energía que le proporciona el orbe. Desde aquí, mueve el orbe hacia tu hombro, viéndolo cada vez más pequeño a medida que el Meridiano se vuelva más brillante, y lo pases por la parte delantera de tu brazo, y hacia tu mano. Mira el orbe de luz, ahora pequeño, absorberse al llegar al extremo del meridiano: tu dedo medio. Ve el Meridiano, ahora luminoso y resplandeciente, y observa el trayecto para cuando lo necesites la próxima vez. 25. Reúne más exceso de Chi de tu Pericardio recién limpiado y fortalecido, dándole a la energía la forma de bola para la última parte de nuestra curación.

26. El Triple Calentador es el Yang de este emparejamiento, y es apropiado hacer esto al final. Como hemos mencionado, este meridiano es importante porque gobierna tu metabolismo, calor corporal y distribución de líquidos en todo el cuerpo. Después de realizar cualquier curación, este Meridiano también debe sanarse en caso de desequilibrio, o bloqueo del Meridiano que fue bloqueado. Para sanar este meridiano, mueve la palma abierta sobre la uña del dedo anular. Observa cómo responde el Meridiano, brillando a medida que sube la luz curativa a tu antebrazo, y continúa hacia arriba, la esfera de luz se vuelve cada vez más pequeña a medida que el Meridiano se vuelve más brillante conforme lo mueves hacia la parte posterior de tu hombro. Desde aquí, lleva la luz a tu oído y deja que toda la energía restante se absorba en la terminal de este meridiano: tu ceja. 27. Tómate un momento para contemplar el Meridiano Triple Calentador, así como todos los demás con los que hemos trabajado en esta sanación. ¿Ya tiene todos los meridianos memorizados? Sigue practicando y pronto los conocerás de memoria. Buen trabajo, ¡y considera esta sanación un éxito! Has aprendido los Meridianos. Solo podemos darte la sabiduría y el conocimiento. Lo que hagas depende de ti. Tómate un momento, déjelo remojar, aprende cada camino, conoce tu cuerpo, conoce tu mente, conoce lo que los antiguos querían que supieras. Un sistema tan antiguo que debería aprovecharse al máximo y mejorar tu comprensión. Toma el camino de la sabiduría. Has llegado hasta aquí, ¿por qué no ir más lejos?

PIEDRAS CURATIVAS PARA INCORPORAR A LA SANACIÓN POR REIKI Y CHAKRAS

La siguiente es una lista de piedras en los colores de tus 7 puntos Chakra. Estos pueden incorporarse a las sanaciones mediante la colocación de las piedras de color apropiadas en su punto Chakra correspondiente antes de iniciar la sanación Reiki. Obtén uno o muchos de cada color para agregar sus influencias naturales mientras estimula los Chakras, y aseguras una sesión de sanidad más específica para el paciente al realiza Reiki. Si es necesario, no dudes en prestar piedras con propiedades específicas después de una curación, o adquirir más para darles a los pacientes. Los resultados de añadir estas piedras a tus sanaciones pueden ser bastante satisfactorios. **Piedras rojas**

1. Rodonita

Propiedades curativas: Con un hermoso tono rosa, esta piedra es famosa por sus propiedades en la sanación emocional. Esta es una que definitivamente querrás agregar a tu colección. Este silicato es bueno para calmar la ira, y también para la sanación de traumas. Encuéntrala, agrégala a tu caja de herramientas de sanidad.

2. Cuarzo rosa

Propiedades curativas: un poderoso sanador del Corazón tanto espiritual como físicamente, el Cuarzo Rosa puede ayudarte a abrirte emocionalmente cuando has sido herido en el pasado. También fomenta un sistema circulatorio saludable y fortalece tu corazón. También es muy fácil obtenerse, así que asegúrate de agregar esto a tu colección pronto.

3. Rubí

Propiedades curativas: Venerado durante mucho tiempo por los antiguos, la leyenda dice que Kublai Khan ofreció una ciudad a cambio de un espécimen considerable, y aparentemente bastante exquisito. Afortunadamente, hoy en día, puedes obtener tu propio Rubí por un poco menos (especialmente si se compra crudo). Ruby inspira un vigor del espíritu y el cuerpo, lo que lleva a uno a vivir más plenamente.

También puede ayudar con la disfunción sexual, la fiebre y la constricción de los vasos sanguíneos. Se dice que el Rubí tiene las mismas cualidades curativas, pero magnificado.

4. Bloodstone (piedra sanguínea)

Propiedades curativas: Bloodstone es bueno para la desintoxicación y cancelar la energía negativa. En asuntos del corazón, puede ayudar a eliminar la negatividad también, por lo que esta es una buena piedra para mantener cerca de ti.

5. Granate

Propiedades curativas: Conocido como un simulador de creatividad, el Granate también es una piedra de sensualidad, que incita la pasión en tu vida amorosa y mantiene las cosas frescas.

6. Coral rojo

Propiedades curativas: fortalece la circulación, así como la curación de los riñones y la vejiga, esta piedra va aun mas allá y ayuda a la regeneración en general. La piedra que crece como una planta puede servirte bien. El coral rojo también actúa como un antidepresivo natural, así que considéralo para tu caja de herramientas de sanidad.

Piedras naranjas 1. Granate Espesartina

Propiedades curativas: a veces llamado 'el Granate del Sol', el granate Espesartina puede aumentar la creatividad y mejorar la función cognitiva en cuestiones de lógica. Esta es una buena piedra para tener cuando buscas hacer un cambio de vida también, ya que las energías de la piedra están bien alineadas en ese sentido.

2. Piedra solar naranja

Propiedades curativas: fomentando sentimientos de generosidad, la piedra del sol naranja también fortalece a aquellos que han perdido a un ser querido con la fuerza necesaria para resistir la separación y seguir adelante. Esta piedra también tiene un efecto de equilibrio y limpieza en todos los Chakras. Esta también es una piedra excelente para tener poder contra las fobias a través de su naturaleza alegre.

3. Cornalina

Propiedades curativas: buena para la artritis, problemas de espalda baja y problemas en los riñones, la cornalina también es una buena piedra para estabilizar a raíz de una relación abusiva. Fomenta una sanación acelerada, y también es buena para tratar la depresión.

4. Ágata naranja

Propiedades curativas: el ágata naranja es un estabilizador emocional. Ayudando a mantenerte centrado, esta es una buena piedra para controlar la ira, así como para evitar decisiones impulsivas.

5. Zafiro naranja

Propiedades curativas: el zafiro anaranjado es una buena piedra para artistas y escritores, inspirando creatividad. Usa esto para disipar el bloqueo del escritor u otros problemas de creatividad sofocada.

6. Citrino naranja

Propiedades curativas: La citrina naranja fomenta la cognición. Físicamente, ayuda a limpiar los riñones, ayuda a la digestión, desintoxica la sangre y equilibra la tiroides. Esta es otra buena adición a tu colección.

7. Ámbar

Propiedades curativas: ayudando a la regeneración física, el ámbar también actúa como un purificador natural. Bueno para el dolor crónico, el ámbar también tiene un efecto de limpieza en todos los puntos Chakra. El ámbar también tiene fama de extraer enfermedades y enfermedades del cuerpo, debido a sus propiedades de purificación.

8. Granate Hessonita

Propiedades curativas: la granate hessonita es una piedra poderosa para tratar dolencias de la mente. Proporciona claridad de pensamiento y confianza frente a los miedos.

Piedras amarillas

1. Pirita de hierro (también llamada Fool's Gold, el Oro del Tonto)

Propiedades curativas: al actuar como un poderoso escudo contra las energías negativas, la pirita de hierro también mejora la memoria, y es buena para la sanación de los huesos, la reducción de la hinchazón y las condiciones de los pulmones.

2. Citrino amarillo

Propiedades curativas: Bueno para la ansiedad, el citrino amarillo también actúa como un amplificador de energías. Esta piedra también ayuda en el tratamiento de problemas oculares, lo que también potencia los 3 Chakras inferiores y el Chakra del tercer ojo.

3. Turmalina amarilla

Propiedades curativas: la turmalina amarilla

funciona como un poderoso estabilizador mental, como tal, es bueno para la ansiedad, las fobias e incluso puede ayudar con el trastorno bipolar. Esta piedra también puede equilibrar todos los Chakras, por lo que es una buena opción para tu colección.

4. Oro

Propiedades curativas: el oro es bueno para varias aplicaciones curativas. Por un lado, actúa como un amplificador natural para cualquier mineral con el que esté emparejado. En cuanto a la curación, se dice que el oro ayuda en problemas como el tratamiento del sistema nervioso, problemas respiratorios, rejuvenecimiento del sistema endocrino y regeneración de tejidos.

5. Cuarzo limón

Propiedades curativas: el cuarzo limón tiene varios usos, incluyendo la resistencia a los antojos de comida y nicotina, una recuperación más rápida después de la cirugía, y fomentar la claridad de pensamiento.

6. Zafiro amarillo

Propiedades curativas: las cualidades curativas de los zafiros amarillos tienden más hacia lo espiritual, ya que alienta a uno a convertir la creatividad en acción. Como tal, puede usarse para inspirar y romper bloqueos creativos u otros obstáculos en la vida.

7. Crisoberilo

Propiedades curativas: el crisoberilo es bueno para la curación de problemas de pecho e hígado. También es bueno para problemas en la piel, problemas de digestión, equilibrar las glándulas suprarrenales, y tiene un efecto positivo sobre el equilibrio del colesterol en tu cuerpo.

8. Berilo dorado

Propiedades curativas: Apertura de los Chakras morados y Amarillos, el berilo dorado es bueno para lograr un estado de emociones tranquilo y pacífico. Esta es una buena piedra para tener cuando te recuperas de un trauma mental, ya que puede ayudar a calmar el espíritu cansado.

Piedras verdes

1. Aventurina verde

Propiedades curativas: Buena para los pulmones, el corazón, los senos paranasales y el hígado, este es un excelente cálculo para incluir en una sesión de sanación intensa. También se dice que esta piedra mejora la creatividad.

2. Crisoprasa

Propiedades curativas: estimulando tus Chakras Naranjas y Verdes, la crisoprasa sana a tu niño interior, o un corazón roto. Especialmente, actúa como un fuerte desintoxicante para el hígado, y combate el insomnio para un sueño reparador y pasar buenas noches.

3. Serpentina

Propiedades curativas: una excelente piedra para incluir en las sanaciones Reiki, la Serpentina ayuda a dirigir las energías curativas. Otro desintoxicante, la serpentina puede ayudar a limpiar las toxinas de tu cuerpo, y también ayuda a tratar la hipoglucemia.

4. Hidenita.

Propiedades curativas: esta piedra es buena para la curación emocional profunda, como para las víctimas de abuso, adicciones o aquellas personas que sufren un dolor intenso por un ser querido perdido.

5. Jade

Propiedades curativas: el jade es bueno para las condiciones del bazo, los riñones y la vejiga. También aumenta el acceso mental al mundo espiritual e inspira creatividad.

6. Peridoto

Propiedades curativas: venerado por los reyes egipcios al punto en que tocar una sin permiso era causa de muerte, el Peridoto es bueno para tratar el tabaco y otras adicciones. Especialmente apreciado por la curación de Reiki, el Peridoto puede ayudarte a guiar tus manos, así como a recuperar energías después de las sanaciones.

7. Calcedonia

Propiedades curativas: bueno para la curación de los huesos, el sistema circulatorio, los ojos y el bazo, el Calcedonia es un buen sanador multifuncional a añadir tu colección de piedras curativas.

8. Ágata verde

Propiedades curativas: el ágata verde se utiliza principalmente para devolver la armonía al cuerpo y la mente. Emocionalmente es bueno para lidiar con la ira y los temores reprimidos, debido a la influencia calmante ejercida por la piedra.

9. Granate verde

Propiedades curativas: al estimular la regeneración y el crecimiento, esta piedra también aumenta la vitalidad, y fomenta un aire de compasión cuando se trata con otros.

10. Amazonita

Propiedades curativas: la Amazonita mejora la comunicación, impartiendo la capacidad de ver las cosas desde el punto de vista de los demás. Esta piedra es buena para sanar bloques creativos y para abrir la mente cerrada.

11. Apatita verde

Propiedades curativas: al mejorar la coordinación de manos y ojos, la Apatita Verde es útil en la sanación, ya que ayuda a mantener un flujo de energía bueno y estable al mismo tiempo que estimula tu Chakra Verde.

12. Esmeralda

Propiedades curativas: la esmeralda es buena para estimular el pensamiento y útil en el tratamiento de una memoria dañada. También es buena para revivir las pasiones en alguien que ha sufrido abuso o adicción, y está buscando nuevamente disfrutar de la vida.

Piedras azules

1. Aguamarina

Propiedades curativas: buena para problemas hormonales, problemas de garganta, problemas de tiroides y glándulas inflamadas, la aguamarina es una buena piedra para tener en tu colección de sanidad.

2. Labradorita

Propiedades curativas: Buena para la desintoxicación del alcohol o el tabaco, esta piedra también ayuda a estabilizar los aspectos más negativos de nuestras personalidades, como la ira, la envidia, los celos y demás.

3. Ágata de encaje azul

Propiedades curativas: esta piedra abre y limpia el Chakra de la Garganta, además de fomentar energías que te ayudan a destruir viejos patrones y modos de pensamiento que han demostrado ser destructivos en tu vida actual.

4. Aragonito

Propiedades curativas: un estimulante de los chakras verde, azul e índigo, esta piedra fomenta la comunicación y sanación de traumas pasados. También amplifica la empatía, que puede resultar bastante útil para los sanadores.

5. Apatita azul

Propiedades curativas: un estimulador de la creatividad, esta piedra también fomenta la supresión del hambre, por lo que puede ser útil para aquellos que intentan perder peso.

6. Celestina

Propiedades curativas: otro estimulador de la creatividad, esta piedra también es buena para disipar la ansiedad. También está en sintonía con lo celestial y puede aumentar la fuerza de orientación para las posiciones de mano usadas en las sanaciones Reiki.

7. Benitoíta:

Propiedades curativas: un estimulador del Chakra Índigo, esta piedra es buena para el letargo, impartiendo energía para sobrellevar el día a aquellos que siempre se sienten cansados.

8. Azurita

Propiedades curativas: la azurita es una piedra que estimula toda la mente, por lo que es un buen sanador para aquellos que se sienten agotados o que se encuentran atrapados en un ciclo de desesperación.

9. Topacio azul

Propiedades curativas: estimulando el Chakra Índigo y el Chakra Azul, esta piedra puede ayudar a curar las fobias asociadas con hablar en público, aumentando la confianza y las habilidades de comunicación.

10. Aventurina Azul

Propiedades curativas: esta es una piedra que afirma la fuerza de voluntad para superar los hábitos negativos. Úsalo como ayuda para dejar de fumar, superar la ira, el abuso de sustancias y más. Esta piedra puede impartir ese 'empuje' adicional. que necesitas para terminar el trabajo.

11. Turquesa

Propiedades curativas: Considerada sagrada por los nativos americanos y otras culturas, como los tibetanos y los primeros egipcios, esta piedra tiene una serie de propiedades. Buena para el sistema inmunológico, los huesos y para desintoxicar el cuerpo, esta piedra también ayuda a la comunicación efectiva con los demás.

12. Zafiro azul

Propiedades curativas: otra piedra que otorga dirección en las manos, esta piedra es popular entre los curanderos de Reiki. Una piedra de amor, el zafiro puede impartir la comprensión de los ideales superiores y ayudar a suprimir los sentimientos de impotencia, y romper los bloqueos de un enfoque que se ha reducido al nivel micro de traumas extremos en la vida.

Piedras índigo

1. Cristal índigo

Propiedades curativas: los cristales índigo son la piedra perfecta para enfocar la autoexaminación, un desapego del pensamiento que explora las posibilidades imaginadas desde las mentes de los demás. Úselas para curar a alguien que se aferra demasiado al ego. Si son sensibles, entonces avisa que es una piedra para la empatía, no todos están listos para divorciarse de su ego, e ir a la verdad.

2. Labradorita Índigo

Propiedades curativas: esta piedra ayuda con los trastornos de la mente y de los ojos. Esta piedra funciona con el Triple Calentador, regulando el metabolismo y las hormonas. Mantén esta piedra a la mano para impartir poder en las curaciones finales de tus sesiones de Reiki.

3. Iolita

Propiedades curativas: con la función de motivadora, la Iolita restaura la perspectiva. Es una piedra fuerte para incorporar en las sanaciones donde hay problemas con la familia.

4. Tanzanita

Propiedades curativas: Fortaleciendo el Chakra Índigo, esta piedra puede ayudar a potenciar la intuición. Esta piedra se usa mejor al alimentar un sentido de espiritualidad quebrado.

5. Sodalita de cristal

Propiedades curativas: al ayudar ante las deficiencias de calcio, este cálculo también puede acelerar el sistema inmunológico y funcionar como un refuerzo del metabolismo. Una buena piedra para tener a la mano.

Piedras violetas

1. Sodalita Violeta

Propiedades curativas: aunque la sodalita violeta es alentadora y racional, también ayuda a prevenir los ataques de pánico.

2. Amatista

Propiedades curativas: induciendo la calma, esta piedra es primordial en asuntos del sistema nervioso. Esta piedra también es fuerte en el fortalecimiento de las relaciones.

3. Topacio violeta

Propiedades curativas: recarga todos los meridianos y ayuda en la comprensión espiritual.

4. Berilio violeta

Propiedades curativas: proporciona un efecto de aumento a las curaciones, esto es imprescindible para los profesionales más serios.

5. Turmalina violeta

Propiedades curativas: reduciendo el miedo, esta piedra rompe los bloques de creatividad y fomenta la felicidad en general.

6. Jadeíta

Propiedades curativas: protegiendo contra la fatiga, mejorando el sistema circulatorio y potenciando la longevidad, piense en esto como la piedra de 'larga vida'.

7. Espinela

Propiedades curativas: revitalización ante los desafíos, esta piedra ayuda al receptor a lidiar con los problemas como lo harían en la juventud y el poder. Proporcionando una fuente de energía aparentemente interminable, esta es la piedra para la conquista de la voluntad sobre la necesidad.

8. Apatita violeta

Propiedades curativas: Engrandeciendo el Chakra Azul, esta piedra agudiza la comunicación a un nivel que es casi poético. Úsese con moderación, a veces las personas reaccionan mal al mundo descrito con precisión, sobre todo el mundo personal.

9. Barita

Propiedades curativas: alineación de la energía y enfoque espiritual, esto es para aquellos que están listos para progresar.

12

CONCLUSIÓN

Has aprendido sobre los Meridianos, el Reiki estándar, y has ido bien en tu camino para sanar a otros, y hacia la curación propia. Hemos entrado en los puntos Mantras y Chakra, para asegurarnos de que no solo tengas lo básico, sino que estés educado en lo que necesitas saber para comenzar de manera efectiva. Asegúrese de practicar los Meridianos, aprender colocación tradicional de las manos, y luego tomar ese conocimiento, y partir de ahí. Una vez que hayas realizado los ejercicios de sanación varias veces, y una vez que hayas visto los resultados, estamos seguros de que estarás contento con los frutos de tu trabajo. Ahora que has iniciado tu viaje hacia el Reiki, verás que te llevará a nuevas ideas, descubrimientos, técnicas de curación cuerpo-mente, e incluso nuevas personas y lugares. Reiki se está extendiendo rápidamente por todo el mundo y constantemente estamos aprendiendo más sobre sus capacidades curativas profundas, así que asegúrate de seguir practicando y profundizando tu conocimiento en este maravilloso y antiguo arte de sanación. Paz y bendiciones para todos ustedes,

―――――――――――――――――――――――

— SIYA ISHANI

―――――――――――――――――――――――

www.ingramcontent.com/pod-product-compliance
Lightning Source LLC
Chambersburg PA
CBHW060359080526
44583CB00012B/390